*lo
eterno
sin
disimulo*

lo eterno sin disimulo

C. S. Lewis

GRUPO NELSON
Desde 1798

© 2022 por Grupo Nelson
Publicado en Nashville, Tennessee, Estados Unidos de América.
Grupo Nelson es una marca registrada de Thomas Nelson.
www.gruponelson.com
Thomas Nelson es una marca registrada de HarperCollins Christian
Publishing, Inc.

Este título también está disponible en formato electrónico.

Título en inglés: *Timeless at Heart*
© 1970, 1980, 1987 por C. S. Lewis Pte Ltd.
© 2017 de la versión española por José Luis del Barco,
por Ediciones Rialp, S. A.

Traducción: *José Luis del Barco*
Adaptación del diseño: *Setelee*

ISBN: 978-1-40023-952-8
eBook: 978-1-40023-959-7

Número de control de la Biblioteca del Congreso: 2022936014

CONTENIDO

CONTENIDO

PRESENTACIÓN

LA FE ES un tesoro enorme, como un caudal abundante e inagotable de bienes; y el creyente de fe limpia, profundamente enraizada, de fe fecunda de dádivas que desea comunicarse, se sabe depositario de una riqueza de excesos que no puede recluir en la amplitud de su pecho, y se dispone a anunciarla por los rincones del orbe superando los obstáculos, como esas luces intensas, propagadoras de rayos invencibles por las sombras. La fe es fértil y alegre como un edén de alborozo, y fecunda la existencia con esperanza sencilla, para abrirse a un tiempo nuevo donde lo mejor aguarda, y la hace productiva como una tierra feraz de cosechas inauditas. La riqueza de la fe es tan cuantiosa y tan grande que no se puede tener encerrada bajo llave con artimañas de usura, pues su cauce es rebosante. No consiente la avaricia —que es un deseo extraviado de atesorar, egoísta progenitor de pobreza—, y quien la posee la da, la propaga y la divulga como una buena noticia. Sería absurdo silenciar la voz clara de la fe; tan necio como acallar las notas de un violín cuando desgrana su música, y quien la oye en su interior la pregona en altavoz, como anunciador dichoso, pregonero de algo bueno.

Aunque siempre ocurre así, pues la fe es un don de Dios que desborda al que la tiene buscando comunicarse; cuando alguien que antes no la tenía la descubre en su existencia como regalo excesivo totalmente inesperado, ve su vida transformada en una vida distinta de la carente de fe, tan distintas entre sí como una mirada clara de una mirada ciega, y se vuelca en propagarla con tesón de combatiente batallando hasta la muerte, como un viejo explorador que descubriera una mina y se lanzara a las calles a anunciarla a plena voz. Ese es el caso de Lewis.

Durante bastantes años, Lewis recorrió la vida con un gesto de extravío tatuado en sus entrañas. Trabajaba con esmero de profesor riguroso, dictaba clases espléndidas preparadas en silencio, atendía a los estudiantes con esa entrega leal de buscador de ideales, vivía su vida académica, su vida familiar y su vida mesurada de relaciones sociales bajo los cielos de Oxford. Una existencia uniforme de llanura siempre igual —sin júbilo, sin contento, sin otro color que el gris— era su vida mediocre desde la aurora al ocaso. Iba pasando su vida de rendición a la nada sin sobresaltos, sin ansias, como una canción monótona de estribillos sofocados. Hasta que todo cambió.

Poco a poco fue atisbando una luz de amplios fulgores, que iluminaban su vida con claridad de resoles restallando sobre el mar. Paulatinamente fue notando cómo su existencia peregrina por pasajes desolados se tornaba en existencia radiante, ahora andarina de alturas, y se sintió sorprendido y apresado por el gozo: una sorpresa de estreno y un gozo de amaneceres. Como tránsito de explorador que pasa de la espesura ocupada por la bruma a un calvero despejado invadido por el sol, fue para Lewis el cambio, y así lo atestigua su obra, que tras ese suceso grande, ese hecho extraordinario del encuentro con la fe, fue ya siempre obra de elogio y de apología cristianos: fue un canto a lo intemporal. Debió de serle difícil desprenderse del pasado, que tiene un peso de losa fortificada de plomo y una adherencia viscosa apta para la rutina, y tal vez le fuera duro recorrer nuevos senderos nunca antes transitados, con sus inciertos recodos, con sus inseguros cruces, con sus nudos de mil sendas vaticinando imprevistos. Pero, al final, lo logró. Y desde entonces fue siempre un peregrino contento que regresa hacia el hogar.

«He nacido, dice Pessoa, en un tiempo en que la mayoría de los jóvenes había perdido la creencia en Dios... Así, no sabiendo creer en Dios, y no pudiendo creer en una suma de animales, me he quedado, como otros de la orilla de las gentes, en esa distancia de todo a que comúnmente se llama la Decadencia». No sé si Pessoa es sincero cuando escribe estas palabras llenas de melancolía, o si es un gesto hinchado, o la postura afectada, de poeta esteticista abastecedor de escándalos, pues creía firmemente, como un

Nietzsche portugués afincado junto al Tajo, que el poeta miente mucho y que es un gran fingidor. En todo caso, no supo (o no recibió la fe) creer a fondo perdido, y se entregó al fatalismo.

La antítesis de Pessoa es Lewis en este asunto. Él también vivió unos tiempos agriamente descreídos, enseñó a una juventud colmada de agnosticismos, y durante bastantes años (años de ausencia de todo y de plétora de nada) tampoco supo creer. Fueron años de penumbra, que cubrieron su existencia como una sombra invisible provocadora de agnosias, y en los que no encontraba una salida a sus dudas. Como estudioso de mitos y de leyendas antiguas, no percibía la verdad expuesta en el Evangelio, que consideraba otra fábula sin ninguna novedad, como un buscador de oro avezado en desengaños que cree que la nueva veta tampoco tiene metal, y se alejaba de él. Y así hasta el momento cumbre del encuentro con la fe.

Primero fueron lecturas que le hicieron cavilar, y luego su propia ciencia de crítica literaria, las que le abrieron los ojos. Mientras que los mitos antiguos sucedían en un lugar y en un tiempo desconocidos, eran simultáneamente utopías y ucronías, la historia de Jesucristo contada en el Evangelio ocurría en un sitio exacto y un tiempo determinado, y despedía un realismo de precisión notarial y exactitud milimétrica, un realismo imposible si no narrara los hechos tal como habían ocurrido, fiel, puntual, exactamente. Los mitos no son así: esa fue la gran ayuda que le procuró su ciencia. Después fue la compañía de cristianos convencidos, como el ubérrimo Tolkien, fértil de fabulaciones, con cuya conversación, ya en los paseos rumorosos flanqueados de arboleda, ya en largas noches en vela en su habitación del *College* (noches que aún deben guardar, como celadoras fieles de pensamientos secretos, las emociones de Lewis al acercarse despacio al encuentro con la fe), su alma fue madurando para el hecho extraordinario. Finalmente, sería la acción del Espíritu Santo —pues Él hace las conversiones— la que realizaría el milagro y le otorgaría el gran don.

A partir de este momento Lewis no será el de antes. Será otro hombre, un hombre nuevo. Sufrió un cambio extraordinario de antítesis plena, creadora de un ser nuevo —como el del ánimo triste sacudido íntimamente por un rayo de alegría—, y ya nunca fue el que había sido, un hombre arrojado al mundo a cuestas con su destino que terminará en la muerte, sino llamado a una gloria de luz eterna y de Vida, y esto se nota en su obra, que, desde ese momento, será siempre apologética.

Ya le sabrá a poca cosa (como a un marino habituado a la azul inmensidad, ver la corriente de un río) la crítica literaria de textos deshilvanados; ahora juzgará insuficiente —como el poeta fecundo un poema inacabado— entretenerse en problemas eruditos, para doctos, y olvidarse de los temas que son esenciales para el hombre y para que su existencia no sea pasto de la nada; ya no le satisfará, y dará a su ánimo un tono de cometido pequeño, adicto a insignificancias —como el vagabundo libre que es obligado a recorrer un solo camino estrecho, el ceñido recinto académico—, y anhelará el ancho mundo como ámbito ideal para sembrar su noticia; ya no se contentará con enseñar teorías a estudiantes desganados, o sedientos de saberes —como a un amor ecuménico de entrega completa le fastidia excluir a alguien—, y querrá mostrar a todos (a obreros, amas de casa, soldados; a la gente de la calle, a docentes eruditos, a indoctos, a incultos, a todos) una noticia inaudita de plenitudes, de cielos.

Ahora hablará de milagros prodigiosos, que son como el testimonio de un poder omnipotente al que está sujeto todo, y del milagro supremo: la venida del Señor con el hombre, aquí, en la tierra, y su obra de redención; de la abolición del hombre, abolición de infortunios y de quiebra asoladora, letal para su existencia, que ocurre cuando los hombres abdican de su destino y se entregan a la tierra; de la lógica diabólica, que es como una geometría de maldad y de mentira, para tentar a los hombres asegurándose el éxito; sobre el mero cristianismo, no moderno o liberal, pasado de moda o viejo, sino el de siempre, el eterno, el cristianismo duradero de verdades demoradas, el que salva, el que libera; sobre la unión imposible (aquí reclama el divorcio) —tan imposible y utópica como una estrella extenuada de nocturnos centelleos— del bien y del mal, cuyo cisma es algo firme, como la tierra avistada por el gaviero en la gavia; sobre este y otros mundos, sobre el negocio del cielo, sobre la actitud soberbia del hombre contemporáneo que pide cuentas a Dios y lo sienta en el banquillo; sobre el enigma profundo (misterio de fin velado, reacio a revelarse) del sentido del dolor, que, si es disparatado, absurdo, es como una herida abierta en el corazón del mundo continuamente sangrando; sobre ese gozo de cúspide que sorprende al que descubre por vez primera la fe, un gozo más jubiloso que una brisa de alegría sedante para el espíritu. Y, en fin, habló del amor, más bien de los cuatro amores, con una delicadeza de pasos imperceptibles sobre nieve no ultrajada, con esa profundidad de la mirada abisal entrenada en lo escondido.

Y habló de lo eterno, el asunto principal de este libro extraordinario que el lector tiene en sus manos. Lo eterno sin caretas, sin disimulos, sin trampas, como palabra veraz implacable de franqueza. Esa es la tarea de Lewis en esta obra sucinta, pero sustanciosa y rica de asuntos encantadores. Siempre estaba vigilante, como un lucero noctívago atento al ritmo del orbe, a la actualidad fugaz, para encontrar la ocasión de dar su testimonio de verdad intemporal, y, cuando advertía en su entorno la oportunidad propicia, hablaba, escribía, impugnaba, rebatía, contradecía y peleaba con argumentos de arista, heraldos de exactitudes, como ecuaciones precisas de una fatal geometría. Una conferencia docta, un coloquio informal ante un público no leído, un debate acalorado sobre asuntos teológicos, una discusión amable entre amigos, un artículo en la prensa, cartas en prensa o privadas podían ser buenas ocasiones para su tarea de loa. Así salió de su pluma *Lo eterno sin disimulo*.

Cien años,[1] un siglo inquieto de ruido y perturbaciones, mirando el nuevo milenio con preocupación de ocaso, se cumplen ahora del nacimiento de Lewis. Tal vez el nuevo milenio provoque un desasosiego de cosa desconocida, nublada de imprevisibles, pero no es algo fatal encarar con desazón la incógnita del futuro. Antes, ahora, después, la secuencia deslizante de escapada fugitiva con que se articula el tiempo, tiene una médula eterna, perpetua, intemporal.

José Luis del Barco

---

1. Presentación escrita en 1998. S. S. Lewis nació en 1898 (*N. del E.*).

PREFACIO

NADIE PODRÁ DECIR jamás «*creo recordar* un encuentro con
C. S. Lewis». Estoy seguro de esto desde aquella vez en
que Lewis me llevó a la primera reunión con los Inklings,
el 10 de junio de 1963. Fue aquí, en Oxford, y a los pocos
minutos de la reunión —con nuestros galones en la sala
principal de El Cordero y la Bandera—, incluso los que
se hallaban en las mesas cercanas dejaron de hablar para
escucharle. La charla de Lewis, rica en ideas, en ortodoxia y en sentido común, fue mejor de lo que yo había
esperado oír jamás. Recuerdo también lo que me enseñó
que dijera y la claridad con que me indujo a expresarlo.
Nada de esto es jactancia. Pienso en aquellos a quienes he
conocido y cuya conversación se vuelve clara e ingeniosa
a medida que nosotros parecemos absurdos y estúpidos.
Con Lewis, uno quería dar lo mejor de sí, y él siempre
hacía que eso fuera posible.

Pronto conmemoraremos el veinticinco aniversario
de la muerte de Lewis. Durante este cuarto de siglo he

hablado y me he carteado con miles de personas que admiran sus libros teológicos. La mayoría no había ni siquiera nacido cuando Lewis vivía, de manera que ahora hay tres generaciones que leen sus escritos. Me parece que todos gozan de una experiencia notablemente similar a la de aquellos que conocieron a Lewis, pues sus libros se parecen mucho a su conversación, tanto en el tono como en el contenido. En cualquier caso, siguen haciendo posible que los lectores —tanto si conocieron al autor como si no— logren entender mejor la fe cristiana y exponerla con claridad.

Es una pena que no todos se alegren de ello. La capacidad de Lewis para razonar con rigor y escribir con lucidez sobre el cristianismo está provocando numerosas protestas de diferente procedencia. Si los libros de alguien llegan a ser muy conocidos, criticarlos se convierte en una moda. Creo que en parte puede deberse a que, cuando todas las cosas se han dicho ya, es más fácil atraer la atención atacando. Sin embargo, como sucede con la mayoría de las modas, el afán de desacreditar puede convertirse también en un círculo cerrado. Algunos críticos actuales, en su furia, califican a Lewis como «popular», «sencillo» y «tradicional», como si esos fueran defectos espantosos.

Seguramente tenga interés histórico recordar que esos tres epítetos ya se le lanzaron a Lewis cuando aún vivía. Como puede verse en las notas a pie de página, algunos de los ensayos del presente libro se escribieron para responder en una controversia, o inducidos por ella. La «Réplica al doctor Pittenger» es la respuesta más cuidadosamente pensada y razonada que Lewis escribió para replicar a un escrito extraordinariamente grosero y que solo pretendía desacreditar. Recuerdo bien el revuelo que causó la publicación —en *The Christian Century* del 1 de octubre de 1958— del trabajo del reverendo doctor Norman Pittenger «*Apologeta versus apologista*», crítica hacia C. S. Lewis como «defensor de la fe». Una de las acusaciones del doctor Pittenger decía que Lewis «es un hombre de mundo que pretende ser realmente muy sencillo, y si la Iglesia ha *afirmado* algo que está en las Sagradas Escrituras, y está para ser creído, él lo considera como la última palabra». Bien, pues eso es cierto. No se puede negar que Lewis tenía un alto concepto tanto de las Sagradas Escrituras como de la Iglesia, y no había ostentación en su creencia sencilla en que el Evangelio es «esencialmente eterno». No era necesario —y tampoco deseable— incluir en este libro la «Crítica» del doctor Pittenger, pues la «Réplica» de Lewis aclara respecto a qué cuestiones pensaba el doctor Pittenger que Lewis era demasiado popular, sencillo y tradicional.

De vez en cuando, incluso quienes deberían preocuparse más que los modernos, no pueden «entrar en relación» con la claridad de expresión de Lewis. Por ejemplo, un editor americano me dijo hace poco que deseaba poder introducir en los escritos de Lewis palabras como «epistemológico», «simplista», «contraproducente» y «síndrome», pues pensaba que le podrían proporcionar un necesario barniz de «modernidad». Lewis respondió a este sinsentido en la carta que sigue a su «Réplica», y en la cual dice que «cualquier necio puede escribir en un lenguaje *erudito*. La verdadera prueba es el lenguaje común».

Nosotros, los miembros de la Sociedad C. S. Lewis de la Universidad de Oxford, hemos aprendido mucho acerca de la cautelosa aceptación de los libros de Lewis en uno de los muchos países extranjeros donde sus obras están en traducción. El doctor Gisbert Kranz, fundador de la Sociedad Alemana Inklings, en Aquisgrán, leyó una comunicación en la Sociedad el 23 de septiembre de 1986. Tras mencionar que ahora las conferencias sobre Lewis son seguidas en Alemania por más de ochocientas personas, el doctor Kranz explica por qué en este país tardaron tanto tiempo en aceptar a Lewis:

«El primer ensayo de Lewis que apareció en Alemania representaba un tipo de razonamiento no muy estimado en este país. Además, lo había escrito en un estilo tan claro que estaba expuesto a la sospecha de superficialidad, pues un libro que deba impresionar a los engreídos alemanes tiene que estar escrito en un estilo intrincado, lleno de términos técnicos polisílabos y difíciles de entender, o sea, una mezcla de Heidegger y Hegel, los dos filósofos más ilegibles del mundo. Cuando, dos años después, apareció el segundo ensayo filosófico de Lewis en una edición alemana, tuvo que ir acompañado por un epílogo en el que se defendía la sencillez de estilo de un libro filosófico».

Finalmente, antes de mencionar los ensayos de esta recopilación, considero que se debería conceder a Lewis una última palabra en relación con su controversia con el doctor Pittenger. Durante la época en que fui miembro de la casa de Lewis, hablábamos sobre la *Crítica* y la *Réplica*. Esto nos llevó a considerar el mandato de nuestro Señor: «Id por el mundo y proclamad el evangelio a toda criatura». «¿Nos habría dado nuestro Señor esa orden —me decía Lewis—, si pensara que nos era imposible cumplirla?».

Es, ciertamente, descorazonador comprobar cuánta gente en el mundo no ha oído todavía el evangelio. Aun así, la defensa que Lewis hace de la fe es tan clara y memorable que no es probable que nadie diga jamás «creo haber leído algo de C. S. Lewis».

De una amplia colección de escritos titulada *Undeceptions* (1971) se ha seleccionado ya dos libros de bolsillo, *Dios en el banquillo*, y *Lo primero y lo segundo*. Todos los ensayos que forman *Lo eterno sin disimulo*, menos uno, se han extraído también de *Undeceptions*, aunque antes de ser incluidos ahí habían aparecido previamente en otras partes.

(1) «Apologética cristiana», publicado por primera vez en *Undeceptions*, fue leído en una asamblea de

ministros anglicanos y líderes juveniles, en la Conferencia de Carmarthen para Líderes Juveniles y Clero Joven, durante la Pascua de Resurrección de 1945.

(2) «Respuestas a preguntas sobre el cristianismo» lo publicó por primera vez, en forma de folleto, la Asociación Cristiana de Industrias Musicales y Eléctricas, en Hayes, Middlesex (1944).

(3) «Por qué no soy pacifista» se leyó en una sociedad pacifista de Oxford, en 1940. Lewis hizo una copia del manuscrito para su antiguo discípulo y amigo George Sayer, y yo tengo que agradecer al señor Sayer que me haya proporcionado una reproducción. El ensayo fue incluido, en una edición aumentada, en la obra de Lewis *El peso de la gloria y otros discursos*, publicada en inglés en Nueva York el año 1980 por Macmillan Publishing Co. Sin embargo, esta es la primera vez que se publica en Gran Bretaña «Por qué no soy un pacifista».

(4) «El dolor de los animales: un problema teológico» apareció originalmente en *The Month*, Vol. CLXXXIX (febrero 1950), pp. 95-104. Le estoy muy agradecido a la señorita M. E Matthews por permitirme incluir la parte de esta amable disputa del fallecido doctor C. E. M. Joad.

(5) «La fundación del Club Socrático de Oxford» es el título que yo le he dado al prefacio de Lewis al *The Socratic Digest*, n.º 1 (1942-1943). Lewis fue presidente de la Sociedad Socrática de Oxford desde sus comienzos, en 1942, hasta que se trasladó a Cambridge en 1955.

(6) «¿Religión sin dogma?» se leyó en la Sociedad Socrática el 20 de mayo de 1946, y se publicó, con el título de «Respuesta cristiana al profesor Price», en *The Phoenix Quarterly*, Vol. I, n.º 1 (otoño de 1946), pp. 31-44. Después fue publicado, bajo otro título, «¿Religión sin dogma?», en *The Socratic Digest*, n.º 4 (1948), pp. 82-94.

La «Réplica» que he añadido a este ensayo es la que escribió Lewis al artículo de G. E. M. Anscombe «Respuesta al argumento de C. S. Lewis acerca de que el naturalismo se refuta a sí mismo». Las dos aparecieron en el número 4 de *The Socratic Digest*. Los que estén interesados en el artículo de Anscombe podrán encontrarlo reimpreso en su obra *Artículos Filosóficos Reunidos*, Vol. II (1981).

(7) «¿Es importante el teísmo?» procede de *The Socratic Digest*, n.º 5 (1952), pp. 48-51.

(8) «Réplica al doctor Pittenger» procede de *The Christian Century*, Vol. LXXV (26 noviembre 1958), pp. 1359-61. En *The Christian Century* aparecieron multitud de cartas al editor, todas defendiendo a Lewis, entre las que se encontraba una del doctor Pittenger. La respuesta de Lewis a esta última fue publicada, con el título de «Versión vernácula», en *The Christian Century*, Vol. LXXV (31 diciembre 1958), p. 515.

(9) «Esclavos voluntarios del Estado del Bienestar» se publicó originariamente en *The Observer* (20 julio 1958), p. 6.

(10) El libro incluye finalmente una sección de cartas sobre temas teológicos, que Lewis publicó en diferentes periódicos.

WALTER HOOPER
Oxford, 3 de marzo de 1987.

I

APOLOGÉTICA CRISTIANA (1945)

ALGUNOS DE USTEDES son ministros y otros son líderes de organizaciones juveniles.[2] Tengo poco derecho a dirigirme a unos y a otros. Son los ministros los que han de enseñarme a mí, no yo a ellos. Y, por otro lado, nunca he contribuido a organizar a la juventud, y en los años en que yo mismo fui joven, conseguí que no me organizaran. Si me dirijo a ustedes, es para responder a una petición tan apremiante que he llegado a considerar un asunto de obediencia atenderla.

Voy a hablarles de apologética. Apologética significa, claro está, defensa. La primera cuestión es esta: ¿Qué quieren defender? El cristianismo, por supuesto; el cristianismo tal como lo entiende la Iglesia de Gales. Aquí, en el mismo comienzo, tengo que abordar un asunto

---

2. Esta comunicación fue leída en la asamblea de pastores anglicanos y líderes juveniles de la Iglesia de Gales, en Carmarthen, durante la Pascua de Resurrección.

desagradable. Los laicos piensan que en la Iglesia de Inglaterra oímos a menudo de nuestros sacerdotes una doctrina que no es la del cristianismo anglicano. Tal vez se aparte de él de una de estas dos formas:

1) Es posible que sea tan «tolerante» o «liberal» o «moderna» que excluya de hecho cualquier realidad sobrenatural y, en consecuencia, deje de ser cristianismo.

2) Es posible, por otro lado, que sea católica.

Por supuesto, no me corresponde a mí definirles a ustedes qué es el cristianismo anglicano. Yo soy su discípulo, no su maestro. Pero insisto en que, dondequiera que sitúen los límites, debe haber unas líneas limítrofes, más allá de las cuales la doctrina deja de ser anglicana o deja de ser cristiana. Yo propongo además que los límites comiencen mucho antes de lo que bastantes ministros modernos piensan. Considero que es su deber fijar claramente los límites en sus mentes y, si desean ir más allá, deberán cambiar de profesión.

Es su deber no solo como cristianos o como ministros, sino como hombres honrados. Porque existe el riesgo de que el clero desarrolle una especial conciencia profesional, que oscurezca el auténtico y sencillo problema moral. Los hombres que han traspasado los límites, en cualquiera de las dos direcciones antes indicadas, son propensos a declarar que han llegado de forma sincera y honrada a sus opiniones heterodoxas. Para defenderlas están dispuestos a sufrir difamación y a perder oportunidades de ascenso profesional; así llegan a sentirse como mártires. Pero esto es no querer ver lo esencial, que tan seriamente escandaliza al laico. Nunca hemos dudado de que las opiniones heterodoxas se mantengan honradamente. De lo que nos quejamos es de que quienes las defienden continúen ejerciendo su ministerio después de haberlas asumido.

Siempre hemos sabido que un hombre que se gana la vida como representante remunerado del Partido Conservador puede honradamente cambiar de opinión y hacerse sinceramente comunista. Lo que negamos es que pueda seguir siendo honradamente representante conservador, y recibir dinero de un partido mientras apoya la política de otro.

Incluso después de haber excluido la doctrina que está en completa contradicción con nuestra profesión, es necesario todavía definir nuestra tarea de forma más precisa. Vamos a defender el cristianismo como tal, la fe predicada por los apóstoles, atestiguada por los mártires, incorporada al Credo, expuesta por los Padres, que debe distinguirse con claridad de lo que cualquiera de nosotros pueda pensar sobre Dios y el hombre. Cada uno de nosotros pone un énfasis especial en algo, cada uno añade a la fe muchas opiniones que le parecen coherentes con ella y verdaderas e importantes; y quizá los sean. Pero nuestra tarea como apologistas no es exponerlas. Defendemos el cristianismo, no «mi religión». Cuando mencionemos nuestras opiniones personales, debemos dejar bien clara la diferencia entre estas y la fe como tal. San Pablo nos ha dado la pauta en 1 Corintios 7:25, donde dice que sobre una cuestión determinada «no tengo precepto del Señor», y que da «su juicio». A nadie le quedan dudas acerca de la sobreentendida diferencia de *rango*.

Esta distinción, que es exigida por la honradez, da además al apologista una gran ventaja táctica. La mayor dificultad está en lograr que las personas a las que nos dirigimos comprendan que predicamos el cristianismo única y exclusivamente porque creemos que es *verdadero*; pues siempre suponen que lo hacemos porque nos gusta, porque pensamos que es bueno para la sociedad o por algo parecido. Una distinción clara entre lo que la fe verdaderamente dice y lo que a uno le gustaría que dijera —o lo que uno entiende o considera útil o cree probable—, obliga a los oyentes a reconocer que estamos vinculados a los datos como el científico a los resultados del experimento, y a admitir que no estamos diciendo simplemente lo que nos gusta. Esto les ayuda inmediatamente a entender que lo que se expone es un hecho objetivo, no un parloteo sobre ideales y puntos de vista. En segundo lugar, el cuidado escrupuloso en conservar el mensaje cristiano como algo distinto de las propias ideas tiene un efecto muy bueno sobre el propio apologista. Le obliga constantemente a afrontar aquellos elementos del cristianismo original que le parecen oscuros o repulsivos; y así se ve libre de la tentación de omitir, ocultar o ignorar lo que encuentra desagradable. El hombre que ceda a esa tentación no progresará jamás en el conocimiento cristiano, pues, obviamente, las doctrinas que encontramos fáciles son aquellas que dan sanción cristiana a verdades ya conocidas. La nueva verdad que no se conoce y que se necesita debe estar oculta —de acuerdo con la auténtica naturaleza de las cosas— precisamente en las doctrinas que menos gustan y que menos se entienden.

Esto es así tanto aquí como en la ciencia. El fenómeno que resulta dificultoso, que no concuerda con las teorías científicas de actualidad, es el que obliga a una nueva consideración y, de ese modo, conduce a un conocimiento nuevo. La ciencia progresa porque los científicos, lejos de rehuir los fenómenos molestos o de echar tierra sobre ellos, los sacan a la luz y los investigan. De igual modo, en el conocimiento cristiano solo habrá progreso si aceptamos el desafío de la dificultad o de las doctrinas que nos repelen. Un cristianismo «liberal», que se considera a sí mismo libre para modificar la fe siempre que le parezca confusa o repelente, se quedará totalmente estancado. El progreso tiene lugar solo en aquella materia que *ofrece resistencia*.

De todo lo anterior deriva una consecuencia acerca de la interpretación privada por parte del apologista. Hay dos preguntas que habrá de plantearse:

1) ¿He conseguido «no ceder», aun manteniéndome al corriente de los recientes movimientos en Teología?

2) ¿Me he *mantenido firme* (*supera monstratas vias*)[3] en medio de los «vientos de doctrina»?[4]

Quiero decir enérgicamente que la segunda pregunta es, con diferencia, la más importante. La educación y la atmósfera del mundo en que vivimos aseguran que nuestra principal tentación será la de ceder a los vientos de doctrina, no la de ignorarlos. No es probable en absoluto que vayamos a aferrarnos a la tradición. Lo más probable es que seamos esclavos de la moda. Si hay que elegir entre leer los libros nuevos o los viejos, hemos de elegir los viejos, y no porque necesariamente sean mejores, sino porque contienen las verdades que nuestro tiempo descuida. El modelo de cristianismo permanente debe mantenerse claro en nuestra mente, y a la luz de él hemos de examinar el pensamiento contemporáneo. Tenemos que *evitar* a todo trance movernos con los tiempos. Servimos a Aquel que dijo: «El cielo y la tierra pasarán, pero mis palabras no pasarán».[5] Hasta ahora he hablado de la interpretación

---

3. Creo que la fuente de esta cita es Jeremías 6:16: «*State super vias et videte, et interrógate de semitis antiquis quae sit via bona, et ambulate in ea*», cuya traducción es: «Paraos en los caminos, y mirad, y preguntad por las sendas antiguas, cuál sea el buen camino, y andad por él».

4. Efesios 4:14.

5. Mt 24:35; Mr 13:31; Lc 21:33.

teológica. La interpretación científica es otro asunto. Si conocen alguna ciencia, sería muy deseable que siguieran profundizando en ella. Tenemos que responder a la actual actitud científica hacia el cristianismo, no a la que adoptaron los científicos hace cien años. La ciencia está en continuo cambio, y debemos mantenernos al día.

Pero, por la misma razón, también hemos de ser muy cautelosos al abrazar una teoría científica que, de momento, parece estar a nuestro favor. Podemos *mencionarla*, pero siempre moderadamente y sin afirmar que sea algo más que «interesante», y deberíamos evitar frases que comiencen por «la ciencia ha demostrado». Si intentamos basar nuestra apologética en ciertos desarrollos nuevos de la ciencia, descubriremos con frecuencia que, justamente al dar el retoque final a nuestro argumento, la ciencia ha cambiado sus planteamientos y abandonado completamente la teoría que usábamos como piedra angular. *Timo Adanes te dona fermentes*[6] es un principio prudente.

Permítanme que haga una digresión por un momento, ahora que estamos con el tema de la ciencia. Creo que si un cristiano está capacitado para escribir un buen libro, accesible a la mayoría, sobre una ciencia cualquiera, puede hacer un mayor bien de ese modo que mediante una obra directamente apologética. Porque otra dificultad

---

6. «Temo a los griegos aun cuando llevan obsequios». Virgilio, *Eneida*, II, 49.

con la que tenemos que enfrentarnos es esta: normalmente, podemos lograr que las personas presten atención al punto de vista cristiano durante una media hora más o menos; pero cuando se marchan de la conferencia, o guardan nuestro artículo, se sumergen de nuevo en un mundo en el que prevalece el punto de vista contrario. Los periódicos, películas, novelas y libros de texto socavan nuestra obra. Mientras persista esta situación, es sencillamente imposible lograr un éxito extendido. Debemos atacar la línea de comunicación enemiga; por eso no son más libros sobre el cristianismo lo que necesitamos, sino más libros sobre otros temas escritos por cristianos, en los que el cristianismo de su autor se encuentre *latente*.

Se puede comprender mejor la cuestión si se mira a la inversa. No es probable que un libro sobre hinduismo socave nuestra fe. Pero si cada vez que leemos un libro divulgativo de Geología, Botánica, Política o Astronomía, descubrimos que sus implicaciones son hindúes, sí podríamos sentirnos sacudidos. No son los libros escritos en defensa del materialismo los que hacen materialista al hombre moderno, sino los supuestos materialistas contenidos en los demás libros. De igual modo, tampoco serán los libros sobre el cristianismo los que realmente inquieten al hombre moderno; en cambio, se inquietaría si, siempre que necesitara una introducción popular y barata a una ciencia cualquiera, la mejor del mercado fuera la escrita por un cristiano.

El primer paso para la reconversión religiosa de este país es una colección, dirigida por cristianos, que pueda superar en su propio terreno a colecciones como *Penguins* o *Thinker's Library*. Su cristianismo tendría que estar latente, no explícito, y su ciencia, *por supuesto*, ser absolutamente genuina. Una ciencia retorcida en interés de la apologética sería un pecado y una locura. Pero ahora tengo que volver al asunto que me ocupa directamente.

Nuestra tarea consiste en exponer lo eterno (lo mismo ayer, hoy y mañana),[7] en el lenguaje de nuestra época. El mal predicador hace exactamente lo contrario: toma las ideas de nuestra época y las atavía con el lenguaje tradicional del cristianismo. Puede, por ejemplo, pensar en el Informe Beveridge[8] y hablar sobre la llegada del Reino. El núcleo de su pensamiento es simplemente contemporáneo; solo la superficie es tradicional. En cambio, la doctrina que ustedes prediquen tiene que ser intemporal en el fondo, y llevar ropa moderna.

Esto plantea el problema de la relación entre teología y política. Lo más que puedo hacer para conciliar el problema fronterizo entre ambas es lo siguiente: proponer que la teología nos enseñe qué fines son deseables y qué

---

7. Hebreos 8:8.
8. *Sir* William H. Beveridge, *Social Insurance and Allied Services*, Comunicación de Gobierno 6404, Sesión parlamentaria 1942-43 (Londres: H. M. Stationery Office, 1942). El Informe Beveridge es el proyecto del sistema de Seguridad Social británico.

medios son legítimos, y que la política nos instruya sobre qué medios son efectivos. La teología nos dice que todos los hombres deben tener un salario justo. La política nos dice con qué medios es más probable lograrlo. La teología nos dice cuáles de esos medios son coherentes con la justicia y la caridad.

El asesoramiento sobre un problema político no procede de la Revelación, sino de la prudencia natural, del conocimiento de la complejidad de los hechos y de una experiencia madura. Si tenemos estos requisitos, podemos, como es lógico, exponer nuestras opiniones políticas. Pero después hemos de dejar completamente claro que estamos dando juicios personales, y que no tenemos precepto del Señor. Estos requisitos no los tienen en cuenta muchos pastores, y la mayoría de los sermones con contenido político no enseñan a los fieles nada distinto de lo que se puede leer en los periódicos recibidos en la casa del párroco.

El mayor riesgo de este momento es determinar si la Iglesia debería seguir practicando una técnica meramente misionera en una situación que se ha convertido en misionera. Hace un siglo nuestra tarea era formar en la virtud a quienes habían sido educados en la fe. En este momento nuestra tarea consiste principalmente en convertir e instruir a los que no creen. Gran Bretaña es tan tierra de misión como China. Si ustedes fueran enviados con los bantús, deberían aprender su lengua y sus tradiciones.

Pues también necesitan una enseñanza parecida sobre la lengua y hábitos intelectuales de sus compatriotas incultos y no creyentes. Muchos sacerdotes ignoran por completo esta cuestión.

Lo que yo sé sobre el particular lo he aprendido hablando en los campamentos de la RAF, habitados mayoritariamente por ingleses y, en consecuencia, parte de lo que voy a decir tal vez sea irrelevante para la situación de Gales. Ustedes deberán cribar lo que no sea pertinente.

1.   Observo que el inglés inculto es casi completamente escéptico respecto a la historia. Yo había supuesto que no creía en el Evangelio porque incluye milagros. Pero realmente no cree en él porque trata de cosas que ocurrieron hace 2.000 años. Tampoco creería en la batalla de Acuira si oyera hablar de ella. A quienes hemos recibido una educación como la nuestra, nos resulta muy difícil entender su modo de pensar. Para nosotros, el presente aparece como parte de un vasto proceso continuo. En su modo de pensar, el presente ocupa casi por completo el campo de visión. Más allá del presente, aislado de él y como algo completamente irrelevante, hay algo llamado «los tiempos antiguos», una jungla insignificante y divertida por la que deambulan caminantes, la reina Isabel, caballeros con armadura, etc. Más allá de los tiempos antiguos (y esto es lo más extraño de todo) viene un cuadro del «hombre primitivo», cuadro que es

«ciencia», no «historia» y, por consiguiente, se percibe como mucho más real que los tiempos antiguos. Con otras palabras: se cree mucho más en lo prehistórico que en lo histórico.

2. También desconfía de los textos antiguos, lo cual es lógico si se toman en cuenta sus conocimientos. En cierta ocasión me dijo un hombre lo siguiente: «Estos documentos se escribieron antes de la imprenta, ¿no es cierto?, y usted no tiene el trozo original de papel, ¿verdad? Eso significa que alguien escribió algo, otra persona lo copió y otra copió la copia, y así sucesivamente. Bueno, con el tiempo llega a nosotros, y no se parecerá lo más mínimo al original».

Esta es una objeción difícil de atacar, pues no se puede empezar en ese mismo instante a enseñar la ciencia entera de la crítica textual. Sin embargo, en este punto viene en mi ayuda su verdadera religión, o sea, la fe en la «ciencia». La confianza en que hay una «ciencia» llamada «Crítica de Textos» y en que sus resultados (no solo en lo que respecta al Nuevo Testamento, sino a los textos antiguos en general) son generalmente aceptados, será normalmente recibida sin objeción. (Bueno, hace falta advertir que no se debe emplear la palabra «texto», ya que para ese público significa solamente «cita bíblica»).

3. El sentido del pecado falta casi completamente. En este aspecto, nuestra situación es muy diferente de la de los apóstoles. Los paganos (y especialmente los

28

metuentes)[9] a los que predicaban se sentían perseguidos por un sentido de culpa, y, por tanto, el evangelio era para ellos «la buena nueva». Nosotros nos dirigimos a personas a las que se les ha enseñado a creer que todo lo que va mal en el mundo es por culpa de otros: los capitalistas, el gobierno, los nazis, los generales. Incluso al mismo Dios se dirigen también como *jueces*. Quieren saber, no si pueden ser absueltos de sus pecados, sino si Él puede ser absuelto de haber creado un mundo así.

Para enfrentarse con esta funesta insensibilidad es inútil orientar la atención a los pecados —que las personas a las que ustedes se dirigen no cometen—, o a las cosas que hacen y que no consideran pecado. Por lo general no se consideran bebedores. Por lo general son fornicarios, pero no creen que la fornicación esté mal. Es inútil, pues, hacer hincapié en cualquiera de esos temas. (Ahora que los anticonceptivos han eliminado el elemento *no caritativo* de la fornicación, no creo que se pueda esperar que la gente reconozca que es un pecado, a menos que acepten íntegramente el cristianismo).

No puedo ofrecerles una técnica infalible para despertar el sentido del pecado. Solo puedo decir que, según mi experiencia, si uno mismo comienza por el pecado que ha

---

9. Los *metuentes* o «los temerosos de Dios» eran una clase de gentiles que adoraban a Dios sin someterse a la circuncisión y a otras obligaciones ceremoniales de la ley judía. Cp. Salmos 118:4 y Hechos 10:2.

sido su propio y principal problema durante la semana anterior, uno se sorprende muy a menudo del modo en que este dardo da en el blanco. Pero sea cual sea el método que usemos, nuestro continuo esfuerzo debe consistir en hacer que aparten su mente de los asuntos y «crímenes» públicos y que vayan al grano, a la amplia red de rencor, avaricia, envidia, injusticia y presunción en que están atrapadas tanto las vidas de «la gente normal respetable» como las suyas (y las nuestras).

4.   Tenemos que aprender y dominar el lenguaje de nuestra audiencia. Y permítanme decirles desde el comienzo que no sirve en absoluto establecer *a priori* qué es lo que entiende o no entiende el «hombre sencillo». Tienen que averiguarlo por experiencia. La mayoría de nosotros habría supuesto que cambiar la frase «el ministro de justicia puede verdadera e indiferentemente» por esta otra «puede verdadera e imparcialmente»,[10] haría más fácil el pasaje para las personas incultas. Pero un sacerdote, amigo mío descubrió que su sacristán no veía ninguna dificultad en *indiferentemente* («significa no establecer diferencias entre un hombre y otro», dijo), pero no tenía la menor idea de lo que significaba *imparcialmente*.

10. La primera cita es de la oración por «La situación global de la Iglesia de Cristo» durante el servicio religioso de la Sagrada Comunión, Libro de la Oración Común (1662). La segunda es la forma revisada de la misma frase, tal como se halla en el Libro de la Oración Común de 1928.

Lo mejor que puedo hacer para solventar el problema del lenguaje es ofrecer una lista de palabras que la gente usa en un sentido diferente al nuestro.

Expiación: no existe realmente en el inglés hablado moderno, aunque se reconocería como una «palabra religiosa». En el supuesto de que transmita algún significado a una persona inculta, yo creo que significa *compensación*. Ninguna palabra les manifestará lo que los cristianos quieren decir con *expiación*, de ahí que ustedes deban parafrasear.

Ser (nombre): en el habla popular no significa nunca simplemente entidad. A menudo significa lo que nosotros llamaríamos «un ser personal» (por ejemplo, un hombre me dijo lo siguiente: «creo en el Espíritu Santo, pero no creo que sea un ser»).

Católico: significa seguidor del papa.

Caridad: significa a) limosna, b) «organización benéfica», c) aunque mucho más raramente, indulgencia (por ejemplo, por actitud «caritativa» hacia un hombre se entiende la actitud que niega o tolera sus pecados, no la que ama al pecador a pesar de sus faltas).

Cristiano: ha llegado a no incluir casi ninguna idea relacionada con *creencia*. Habitualmente es un termino vago de aprobación. La pregunta «¿A qué llama usted cristiano?» se me ha hecho repetidas veces. La respuesta que desean escuchar es la siguiente: «un cristiano es un buen tipo, desinteresado, etc.».

Iglesia: significa a) edificio sagrado, b) el clero. *No* les sugiere la idea de «asamblea de todos los creyentes».[11] Por lo general se usa en sentido negativo. La defensa directa de la Iglesia es parte de nuestro deber. Sin embargo, el empleo de la palabra *Iglesia*, cuando no hay tiempo para defenderla, nos quita simpatías, y se debería evitar si fuera posible.

Creador: ahora significa «talentoso», «original». La idea de creación en sentido teológico está ausente de sus mentes.

Criatura: significa «bestia», «animal irracional». Expresiones como «somos solamente criaturas», serían mal entendidas casi con total seguridad.

Crucifixión, cruz, etc.: siglos de himnos y cantos religiosos han debilitado estas palabras hasta el extremo de que ahora transmiten vagamente, si lo transmiten, la idea de ejecución mediante tortura. Es mejor parafrasear. Por la misma razón, es mejor emplear la expresión *flagelado* para explicar la palabra *azotado*[12] del Nuevo Testamento.

Dogma: la gente suele usarla solo en sentido negativo con el significado de «afirmación no probada y pronunciada de manera arrogante».

11. La frase aparece en la oración de «Acción de gracias», que tiene lugar al final del servicio religioso de la Sagrada Comunión, en el Libro de la Oración Común (1662).
12. Mt 27:26; Mr 15:15; Jn 19:1.

Inmaculada Concepción: en boca de hablantes incultos significa siempre Parto Virginal.

Moralidad: significa castidad.

Personal: llevaba al menos diez minutos disputando con un hombre sobre la existencia de un «diablo personal» sin darme cuenta de que, para él, *personal* significaba *corpóreo*. Sospecho que esto está muy extendido. Cuando dicen que no creen en un Dios «personal», a menudo pueden querer decir solamente que no comparten el antropomorfismo.

Potencial: en caso de que alguna vez se emplee, se usa en el sentido de la ingeniería.

Nunca significa «posible».

Primitivo: significa tosco, torpe, incompleto, incompetente. La expresión «cristianismo primitivo» no significaría para ellos en absoluto lo que significa para ustedes.

Sacrificio: la acepción que conocen no tiene ninguna relación con el templo y el altar. Están familiarizados solamente con el sentido periodístico de esta palabra («La nación tiene que estar preparada para duros sacrificios»).

Espiritual: significa primariamente inmaterial, incorpóreo, pero con graves confusiones acerca del uso cristiano de *pneuma*.[13] De ahí procede la idea de que todo lo que es «espiritual», en el sentido de «no sensorial», es mejor de algún modo que cualquier cosa sensorial. Por

---

13. Que significa «espíritu», como en 1 Corintios 14:24.

ejemplo, no creen realmente que la envidia pueda ser tan mala como la embriaguez.

Vulgaridad: por lo general significa obscenidad o «grosería». Se dan, y no solo en personas incultas, lamentables confusiones entre:

a) Lo obsceno o lascivo: lo calculado para provocar lujuria.

b) Lo indecoroso: lo que ofende al buen gusto o al decoro.

c) Lo vulgarmente decoroso: lo que es socialmente «bajo».

La «buena» gente propende a pensar que (b) es tan pecaminoso como (a), de donde resulta que a otros les parece que (a) es tan inocente como (b).

Como conclusión debo decir que tienen ustedes que traducir cada trozo de su Teología a la lengua vulgar. Esto es muy difícil, e implica que pueden decir muy poco en media hora, pero es esencial. Sirve asimismo de gran ayuda para su propio pensamiento. He llegado a la convicción de que, si ustedes no pueden traducir sus ideas al lenguaje inculto, es que son confusas. La capacidad de traducirlas es la prueba de que han entendido realmente el significado que uno mismo les da. Traducir un pasaje de alguna obra teológica al lenguaje vulgar debería ser un ejercicio obligatorio en el examen para ordenarse.

Retomo ahora la cuestión del verdadero ataque. Este puede ser o emocional o intelectual. Si hablo solo del intelectual, no se debe a que desprecie el otro, sino a que, al no poseer las aptitudes necesarias para llevarlo a cabo, no puedo dar consejos sobre él. Pero deseo decir de la manera más enérgica posible que si un orador tiene esas aptitudes, el llamamiento evangélico directo, del tipo «ven a Jesús», puede ser hoy tan irresistible como hace cientos de años. Yo he visto hacerlo precedido por una película religiosa y acompañado por cantos de himnos, y con un efecto muy notable. Yo no soy capaz, pero aquellos que puedan deben intentarlo con todas sus fuerzas.

No estoy seguro de que el grupo misionero ideal no deba consistir en alguien que argumente y alguien que predique (en el pleno sentido de la palabra). En primer lugar, traten de que quienes debaten con ustedes se desprendan de sus prejuicios intelectuales; luego dejen que el predicador del evangelio inicie su llamamiento. En todo esto yo me ocupo solamente de la argumentación intelectual. *Non omnia possumus omnes.*[14]

Y, ante todo, unas palabras de aliento. La gente inculta no es gente irracional. He comprobado que aguantan, y que pueden seguir un buen número de argumentos ininterrumpidos, si se los exponen lentamente; y a menudo,

---

14. «No todos podemos hacerlo todo». Virgilio, *Églogas*, VIII, 63.

la novedad de una argumentación (raras veces se han enfrentado antes a algo semejante) los deleita.

No intenten suavizar el cristianismo. No lo difundan omitiendo lo sobrenatural. Que yo sepa, el cristianismo es precisamente la única religión de la que los milagros no se pueden excluir. Deben argumentar en favor de lo sobrenatural desde el principio.

Las dos «dificultades» más comunes con las que probablemente tendrán que enfrentarse son las siguientes:

1. «Ahora que conocemos cuan inmenso es el universo y qué pequeña la tierra, es ridículo creer que el Dios universal pueda tener un especial interés por nuestros asuntos».

En primer lugar, para responder a esto, deben ustedes corregir los errores acerca de los *hechos*. La insignificancia de la Tierra en relación con el universo no es un descubrimiento moderno. Hace casi 2.000 años, Ptolomeo (*Almagest*, libro I, cap. v) ya dijo que, en relación con la distancia de las estrellas fijas, la Tierra debe ser considerada como un punto matemático sin magnitud.

En segundo lugar, deben indicar que el cristianismo explica lo que Dios ha hecho por el hombre, pero que no dice (porque no lo sabe) lo que ha hecho o dejado de hacer en otras partes del universo. En tercer lugar, deben recordar la parábola de la oveja descarriada.[15] Si Dios

---

15. Mt 18,11-14; Lc 15:4-7.

cuida especialmente de la Tierra (algo que nosotros no creemos), eso no puede implicar que sea lo más importante del universo, sino tan solo que se ha *extraviado*. Finalmente, recusen la tendencia a identificar tamaño e importancia. ¿Es un elefante más importante que un hombre, o la pierna del hombre más que su cerebro?

2. «La gente creía en los milagros en los tiempos antiguos porque no sabía que fueran contrarios a las leyes de la naturaleza». Pues sí lo sabía. Si san José no sabía que un parto virginal es contrario a la naturaleza (es decir, si no hubiera sabido cuál es el origen normal de los bebés), ¿por qué «resolvió dejarla secretamente» cuando descubrió el embarazo de su esposa? Como es obvio, ningún acontecimiento puede ser considerado como milagro *a menos que* los que lo registren conozcan el orden natural y vean que ese hecho es una excepción. Si la gente no supiera que el sol sale por el este, no podría sorprenderse jamás si una vez lo viera salir por el oeste; no lo registraría como *miraculum* (sencillamente no lo registraría). La misma idea de «milagro» presupone el conocimiento de las leyes de la naturaleza. No es posible tener la idea de excepción sin tener la idea de regla.

Es muy difícil presentar argumentos populares sobre la existencia de Dios. Además, buena parte de los argumentos populares a mí no me parecen válidos. Algunos pueden ser presentados en la discusión por miembros favorables de la audiencia; esto plantea el problema del «seguidor molesto». Es cruel (y peligroso) rechazarlo, y no es honesto mostrarse de acuerdo con lo que dice. Por lo general, yo trato de no decir nada sobre la validez de su argumento en sí mismo, y respondo: «Sí. Eso tal vez sea así para usted y para mí. Pero me temo que si adoptamos esa actitud, este amigo nuestro situado aquí, a mi izquierda, podría decir..., etc, etc.».

Afortunadamente, y aunque parezca raro, he observado que, por lo general, esa gente accede a que se trate de la divinidad de nuestro Señor *antes* de entrar a considerar la existencia de Dios. En mis comienzos, cuando daba dos conferencias, solía dedicar la primera al simple teísmo. Pero enseguida abandoné este método, pues me parecía que despertaba poco interés. El número de ateos convencidos no es aparentemente demasiado grande.

Cuando llegábamos a la Encarnación, con frecuencia descubría que se podía usar alguna forma del *aut Deus aut malus homo*.[16] La mayoría de ellos comenzaba con la idea del «gran maestro humano», que fue divinizado por sus supersticiosos seguidores. Hay que señalar cuán poco probable es esto entre los judíos, y qué diferente a cualquier cosa que ocurriera con Platón, Confucio, Buda, Mahoma. Las mismas palabras y afirmaciones del Señor (que muchos ignoran completamente) tienen que ser

---

16. O es malo Dios, o es malo el hombre.

apuradas hasta el fondo. (Todo esto está muy bien recogido en la obra de Cherteston *The Everlasting Man*).

Generalmente, también hay que decir algo sobre la historicidad de los Evangelios. Ustedes, que son teólogos preparados, podrán hacerlo de un modo que a mí me resultaba imposible. Mi argumento consistía en decir que yo era un crítico literario profesional, y que creía conocer la diferencia entre leyenda y escritura histórica; que los Evangelios no eran leyendas (en cierto sentido no eran suficientemente *buenos*), y que, si no son historia, son ficciones realistas en prosa de un tipo que realmente no había existido nunca antes del siglo XVIII. Episodios pequeños, como aquel en que aparece Jesús escribiendo en la tierra cuando fue llevado ante la mujer sorprendida en adulterio[17] (gesto que no tiene ninguna *significación* doctrinal en absoluto), son un claro ejemplo.

Otra de las mayores dificultades es mantener ante la opinión de los oyentes la cuestión de la Verdad. Siempre creen que ustedes recomiendan el cristianismo, no porque sea *verdad*, sino porque es *bueno*. En el curso de la discusión tratarán en todo momento de eludir la cuestión de la «verdad o la falsedad», y de convertirla en un problema acerca de la buena sociedad, la moral, los ingresos de los obispos, la Inquisición española, Francia, Polonia, u otra cosa cualquiera.

---

17. Jn 8:3-8.

Deberán ustedes mantenerse firmes en volver, una y otra vez, al verdadero asunto. Solo así podrán socavar su creencia en que «una cierta cantidad de religión» es deseable, pero que no se debe llevar demasiado lejos. Es preciso no dejar de señalar que el cristianismo es una afirmación que, si es falsa, no tiene *ninguna* importancia. Lo único que no puede ser es moderadamente importante. Podrán socavar también su firme creencia en el artículo XVIII.[18] Habría que señalar, claro está, que aunque la salvación es a través de Jesús, eso no obliga a concluir que Él no pueda salvar a aquellos hombres que no lo han aceptado explícitamente en esta vida.

Asimismo habría que dejar claro (yo al menos lo creo así) que nosotros no declaramos que las otras religiones sean totalmente falsas, sino que decimos, más bien, que todo lo verdadero de las demás religiones es consumado y perfeccionado en Cristo. Sin embargo, por otro lado, creo que debemos combatir, siempre que nos enfrentemos con ella, la idea absurda de que dos proposiciones

---

18. El artículo XVIII del Libro de la Oración Común, que trata sobre *Alcanzar la salvación eterna solo por el nombre de Cristo*, dice: «Deben ser maldecidos los que osan decir que todo hombre se salvará por la Ley o la Secta que profesa, de manera que ha de ser diligente en amoldar su vida conforme a esa ley y la luz de la Naturaleza. La Sagrada Escritura nos manifiesta que solo por el Nombre de Cristo puede un hombre salvarse».

sobre Dios que se excluyen mutuamente pueden ser ambas verdaderas.

Personalmente, a veces he dicho a mi audiencia que las dos únicas religiones que verdaderamente merecen considerarse son el cristianismo y el hinduismo. (El islam es solo la más grande herejía cristiana, y el budismo, únicamente la mayor herejía hindú. El verdadero paganismo está muerto. Lo mejor del judaísmo y el platonismo pervive en el cristianismo). Una mente madura no precisa considerar toda la infinita variedad de religiones. Podemos, *salva reverentia*,[19] dividir las religiones, como las sopas, en «espesas» y «claras». Por «espesas» entiendo aquellas que tienen orgías y éxtasis y misterios y ataduras locales. África está llena de religiones espesas. Por «claras» entiendo aquellas que son filosóficas, éticas y universales. El estoicismo, el budismo, y la Iglesia Ética son religiones claras.

Ahora bien, si hay una religión verdadera, debe ser a la vez espesa y clara, pues el verdadero Dios debe haber hecho al niño y al hombre, al salvaje y al ciudadano, la cabeza y el vientre. Y las únicas dos religiones que cumplen esta condición son el hinduismo y el cristianismo. Pero el hinduismo la cumple imperfectamente. La religión clara del ermitaño brahmán en la jungla y la religión espesa del templo vecino siguen caminos paralelos. El ermitaño

---

19. Sin ultrajar la reverencia.

brahmán no presta atención a la prostitución del templo, ni los devotos del templo a la metafísica del ermitaño. El cristianismo derriba el muro de la separación. Toma a un convertido de África central y le dice que obedezca una ética universal ilustrada. Toma a un pedante académico del siglo XX, como yo, y le dice que vaya rápidamente al misterio, a beber la sangre del Señor. El salvaje tiene que estar claro, yo tengo que estar espeso. Así es como sabemos que hemos llegado a la religión verdadera.

Una última observación. He comprobado que nada es más peligroso para la propia fe que la labor de un apologista. Ninguna doctrina sobre la fe me parece tan fantasmal e irreal como la que he defendido con éxito en un debate público. Por un momento, parecía descansar sobre mí mismo y, como consecuencia, cuando me alejaba del debate, no parecía más fuerte que la débil columna que la sustentaba. He ahí por qué los apologistas tenemos nuestras vidas en nuestras manos, y solo podemos ser salvados volviendo continuamente desde el telar de nuestros propios argumentos —como si fueran nuestros adversarios intelectuales— a la realidad; del cristianismo apologético al cristianismo como tal. He ahí también por qué necesitamos constantemente la ayuda de los demás. *Oremus pro invicem*.[20]

---

20. Oremos los unos por los otros.

II

RESPUESTAS A PREGUNTAS SOBRE EL CRISTIANISMO (1944)[1]

LEWIS: ME HAN pedido que comience con unas palabras sobre el cristianismo y la industria moderna. La industria moderna es un tema del que no sé nada en absoluto. Pero, precisamente por eso, puede ilustrar lo que, en mi opinión, el cristianismo hace y lo que no hace. El cristianismo no sustituye a la técnica. Cuando nos dice que demos de comer al hambriento, no nos da lecciones de cocina. Si queremos aprender ese arte, deberemos ir al cocinero. Si no somos economistas profesionales y no

---

1. Las respuestas a las preguntas que aparecen aquí las dio Lewis en la conferencia *One Man Brains Trust*, que pronunció el 18 de abril de 1944 en la Oficina central de Industrias Eléctricas y Musicales Ltd., Hayes, Middlesex. De esa conferencia se tomaron notas a mano y se le envió a Lewis un texto mecanografiado. Lewis lo modificó ligeramente y se publicó como opúsculo. El director del coloquio fue H.W. Bowen.

tenemos experiencia en la industria, ser cristiano no nos dará las respuestas a los problemas industriales.

Mi opinión particular es que la industria moderna es un sistema radicalmente desesperanzado. Se puede mejorar el salario, el horario, las condiciones, pero nada de eso cura el más profundo mal, a saber, que cierto número de personas sigan haciendo durante toda su vida un trabajo repetitivo que no les permite ejercer plenamente sus facultades. Cómo puede superarse esta situación, yo no lo sé.

Si solo un país abandonara el sistema, sería víctima de los demás países que no lo hubieran abandonado. No sé cuál es la solución. Este asunto no es del tipo de cosas que el cristianismo enseña a una persona como yo. Ahora sigamos con las preguntas.

Pregunta 1: A los cristianos se les enseña a amar al prójimo. ¿Cómo pueden, entonces, justificar su actitud de apoyo a la guerra?

Lewis: Se nos ha dicho que amemos al prójimo como a nosotros mismos. ¿Cómo nos amamos a nosotros mismos? Cuando examino mi particular modo de entender el problema, descubro que no me amo a mí mismo pensando que soy un querido amigo o teniendo sentimientos afectuosos. No creo que me ame a mí mismo por ser particularmente bueno, sino por ser yo mismo, independientemente de mi carácter. Puedo detestar algo que he hecho; pero no por eso dejo de amarme a mí mismo. Con otras palabras: la distinción precisa que el cristianismo establece entre odiar el pecado y amar al pecador es la que hacemos nosotros, aplicado a nuestro caso particular, desde que nacimos. Nos disgusta lo que hemos hecho, pero no dejamos de amarnos. Podemos pensar incluso que deberíamos ir a la policía y confesar, y que mereceríamos que nos ahorcaran. El amor no es un sentimiento afectuoso, sino desear sin cesar el verdadero bien para la persona amada hasta donde se pueda alcanzar. Me parece, pues, que cuando sucede lo peor, si no se puede tener a raya a un hombre por ningún otro procedimiento que el de intentar matarlo, un cristiano debe hacerlo. Esta es mi respuesta, pero puedo estar equivocado. Desde luego, es muy difícil responder.

Pregunta 2: Si un trabajador de una fábrica le preguntara «¿Cómo puedo yo encontrar a Dios?», ¿qué le respondería?

Lewis: No veo que para un trabajador la cuestión sea distinta que para cualquier otra persona. Lo fundamental en cualquier hombre es que es un ser humano, y comparte las tentaciones humanas comunes y los valores. ¿Cuál es el problema especial en el caso de un trabajador? Pero tal vez merezca la pena decir lo siguiente:

El cristianismo hace dos cosas respecto a las circunstancias que se dan aquí y ahora, en este mundo: Trata de mejorarlas todo lo posible, es decir, trata de reformarlas; pero también nos fortalece para afrontarlas mejor mientras sigan siendo malas.

Si la persona que ha hecho la pregunta estaba pensando en el problema del trabajo repetitivo, la dificultad del trabajador de una fábrica es como la de cualquier otro hombre que se enfrenta con un pesar o un problema. Descubrirá a Dios si le pide conscientemente a Él que le ayude a adoptar la actitud correcta frente a las cosas desagradables... pero no sé si era ese el objeto de la pregunta.

Pregunta 3: ¿Podría decirme cómo define usted a un cristiano practicante? ¿Hay otras clases?

Lewis: Hay ciertamente muchas clases más. Depende, como es natural, de lo que usted entienda por «cristiano practicante». Si se refiere con ello a alguien que ha practicado el cristianismo en todos los conceptos y en todos los momentos de su vida, entonces solo hay uno del que yo tenga constancia: el mismo Cristo. En este sentido no hay un solo cristiano practicante, sino únicamente cristianos que tratan de vivir el cristianismo en mayor o menor grado, que fracasan en mayor o menor medida y que, tras caer, comienzan de nuevo. La práctica perfecta del cristianismo consistiría, naturalmente, en la perfecta imitación de la vida de Cristo. Quiero decir, cada uno en sus circunstancias particulares, y no en un sentido necio. No significa, pues, que todos los cristianos lleven barba, sean solteros, o se hagan predicadores itinerantes. La perfecta imitación de la vida de Cristo significa que cada acto y cada sentimiento particular, cada experiencia, tanto agradable como desagradable, tienen que ser referidas a Dios. Significa verlo todo como algo que viene de Él, y mirarle a Él y tratar de cumplir su voluntad, y preguntarse: «¿Cómo quiere Dios que afronte este asunto?».

Un modelo (aunque muy remoto) de la relación entre el perfecto cristiano y Dios, sería la relación del buen perro con su amo. Se trata de una ilustración muy imperfecta, debido a que el perro no razona como su dueño, mientras que nosotros participamos de la razón de Dios, aunque de un modo imperfecto e interrumpido («interrumpido» porque no pensamos racionalmente durante mucho tiempo, pues es demasiado cansado, y porque no tenemos información para entender completamente las cosas, y porque nuestra propia inteligencia tiene determinadas limitaciones). En ese sentido, nosotros nos parecemos más a Dios que el perro a nosotros, aunque, en otro sentido, el perro se parece más a nosotros que nosotros a Dios. Esto es solo una ilustración.

Pregunta 4: ¿Qué justificación, que se apoye en fundamentos éticos y de conveniencia social, se puede ofrecer de la actitud de la Iglesia hacia las enfermedades venéreas, la profilaxis y la publicidad relacionada con ella?

Lewis: Necesito más información sobre el problema. Cuando la tenga tal vez pueda responder. ¿Puede decir el interrogador en qué Iglesia está pensando?

Una voz: La Iglesia a la que se alude es la Iglesia de Inglaterra, y su posición, aunque no escrita, está implícita en el hecho de que ha prohibido toda publicidad relacionada con los métodos profilácticos de combatir las enfermedades venéreas. La opinión de algunos es que no se debería eludir el castigo moral.

Lewis: Personalmente no me he tropezado nunca con un pastor de la Iglesia de Inglaterra que mantuviera esa opinión, y yo tampoco la mantengo. Se le pueden hacer evidentes objeciones. Después de todo, no son las enfermedades venéreas lo único que se puede considerar como un castigo por la mala conducta. La indigestión en la vejez puede ser el resultado de haber comido en exceso en la juventud, pero nadie se opone a la publicidad de la píldora Beecham. De todos modos, yo disiento profundamente del punto de vista que ha mencionado.

Pregunta 5: Mucha gente se muestra resentida o infeliz porque piensa que es el blanco de un destino injusto. Estos sentimientos son estimulados por la desgracia, la enfermedad, difíciles situaciones domésticas, duras condiciones de trabajo, o la observación del sufrimiento de los demás. ¿Cuál es el punto de vista cristiano sobre este problema?

Lewis: El punto de vista cristiano es que los hombres han sido creados para estar en determinada relación con Dios (si mantenemos esa relación con Él, se derivará inevitablemente la relación correcta de unos hombres con otros). Cristo dijo que era difícil que «el rico» entrara en el reino de los cielos,[2] refiriéndose, sin duda, a la «riqueza» en el sentido más común. Pero yo creo que incluye la riqueza en todos los sentidos: la buena fortuna, la salud, la popularidad, y todo lo demás que uno desea alcanzar. Esas cosas contribuyen, como el dinero, a que nos sintamos independientes de Dios, puesto que, si las tenemos, nos sentimos felices y contentos ya en esta vida, no queremos prestar atención a nada más, e intentamos apoyarnos en una felicidad dudosa como si durara para siempre.

Pero Dios quiere para nosotros la felicidad verdadera y eterna. Por eso, tal vez tenga que apartar estas «riquezas» de nosotros. Si no lo hiciera, seguiríamos sin confiar en Él. Parece cruel, ¿verdad?, pero yo empiezo a descubrir que lo que la gente llama doctrinas crueles, a la larga, son realmente las más benévolas. Yo solía pensar que una doctrina «cruel» era sostener que el infortunio y la desgracia eran «castigos». Pero en la práctica descubro que, cuando nos vemos en apuros, tan pronto como los consideramos como un «castigo», se vuelven más fáciles de soportar. Si consideramos este mundo como un lugar destinado

2. Mt 19:23; Mr 10:23; Lc 18:24.

sencillamente para nuestra felicidad, lo hallaremos totalmente inaguantable. Pensemos en él como lugar de preparación y corrección y no nos parecerá tan malo.

Imaginemos un grupo de personas que vive en el mismo edificio. La mitad de ellas cree que es un hotel, la otra mitad cree que es una prisión. Los que creen que es un hotel podrían considerarlo totalmente insoportable, y los que creen que era una prisión podrían juzgar que es sorprendentemente cómodo. Así pues, la que parece una doctrina terrible es la que a fin de cuentas nos consuela y fortalece. La gente que intenta tener una opinión optimista de este mundo se volverá pesimista, la que tiene de él un punto de vista bastante severo se volverá optimista.

Pregunta 6: El materialismo y algunos astrónomos indican que el sistema solar y la vida tal como la conocemos se originó por una colisión astral fortuita. ¿Cuál es la opinión del cristianismo sobre esta teoría?

Lewis: Si el sistema solar se hubiera originado por una colisión fortuita, la aparición de la vida orgánica en este planeta sería un accidente, y la evolución entera del hombre sería también un accidente. De ser así, nuestros actuales pensamientos son meros accidentes, el subproducto fortuito del movimiento de los átomos. Y esto vale igual para los pensamientos de los materialistas y los astrónomos que para los de los demás. Pero si *sus* pensamientos (los de los materialistas y los astrónomos) son subproductos accidentales, ¿por qué tendríamos que creer que son verdaderos?

No veo ninguna razón para creer que un accidente podría darme una estimación correcta de los demás accidentes. Es como suponer que la figura accidental que se forma al derramar un jarro de leche nos proporciona un juicio correcto acerca de cómo se hizo el jugo y por qué se derramó.

Pregunta 7: ¿Es verdad que el cristianismo (especialmente las formas protestantes) tiende a presentar un estado tenebroso y triste de la sociedad, que es como un chinche molesto para la mayor parte de la gente?

Lewis: Acerca de la distinción entre el protestantismo y otras formas de cristianismo, es muy difícil responder. Leyendo obras que tratan sobre el siglo XVI, veo que personas como *sir* Tomás Moro, por el que yo siento un gran respeto, no han considerado siempre la doctrina de Lutero como un pensamiento tenebroso, sino como un pensamiento anhelante. Yo dudo que se pueda hacer, sobre este asunto, una diferencia entre el protestantismo y otras formas de cristianismo. Me resulta muy difícil responder la pregunta acerca de si el protestantismo es tenebroso y produce pesimismo, ya que no he vivido nunca en una sociedad completamente no cristiana ni en una sociedad totalmente cristiana, y yo no existía en el siglo XVI, época de la que he adquirido conocimientos únicamente leyendo libros. Creo que en todas las épocas hay aproximadamente la misma cantidad de alegría y tristeza. Así lo muestran la poesía, la novela, las cartas, etc., de cada época. Pero, repito, desconozco realmente la respuesta. No estaba allí.

Pregunta 8: ¿Es verdad que los cristianos tienen que estar dispuestos a vivir una vida de incomodidad y abnegación para reunir los requisitos y alcanzar «el pastel del Cielo»?

Lewis: Todos los hombres, cristianos o no cristianos, tienen que estar preparados para una vida de incomodidad. Es imposible aceptar el cristianismo por comodidad, pero el cristiano trata de abrirse a la voluntad de Dios, hacer lo que Dios quiere que haga. De antemano no sabemos si Dios nos va a asignar algo difícil y doloroso, o algo que nos gustará mucho; y hay gente de carácter heroico que se siente decepcionada cuando la tarea que le ha tocado en el reparto resulta realmente amable. Pero hemos de estar preparados para las cosas desagradables y las incomodidades, y no me refiero solo a ayunar y cosas así. Es algo distinto. Cuando instruimos a los soldados en unas maniobras, practicamos con munición de fogueo, porque nos gusta que tengan práctica antes de enfrentarse con el enemigo de verdad. De igual modo, debemos tener práctica en privarnos de placeres que en sí mismos no son malos. Si no nos privamos del placer, no estaremos preparados cuando llegue la ocasión. Es sencillamente cuestión de práctica.

Voz: ¿No se han tomado determinadas prácticas, como el ayuno y la abnegación, de religiones anteriores o más primitivas?

Lewis: No puedo decir con seguridad cuánto entró en el cristianismo procedente de religiones anteriores.

Desde luego, una gran cantidad. A mí me resultaría difícil creer en el cristianismo si no fuera así. Yo no podría creer que novecientas noventa y nueve religiones fueran completamente falsas y que solo la restante fuera verdadera. La verdad es que el cristianismo es originalmente el cumplimiento de la religión judía, pero también la realización de lo mejor que estaba insinuado en las demás religiones. El cristianismo enfoca lo que todas vieron vagamente, de la misma forma que el mismo Dios entra en el foco de la historia haciéndose hombre.

Supongo que las observaciones del interrogador acerca de las religiones anteriores se basan en evidencias obtenidas de los salvajes de nuestros días. Yo no creo que esa sea una buena evidencia. Los salvajes de nuestros días representan por lo general cierto declive de la cultura. Si lo observamos, descubriremos que hacen cosas que parecen indicar que en el pasado tuvieron una base indudablemente civilizada, que han olvidado. Es falso suponer que el hombre primitivo era igual que el salvaje de nuestros días.

Voz: ¿Podría ampliar su respuesta acerca de cómo descubrir si una tarea es impuesta por Dios o llega a nosotros de otro modo? Si no podemos distinguir entre cosas agradables y desagradables, la cuestión resulta complicada.

Lewis: Los hombres nos guiamos por las reglas normales de la conducta moral, que, creo, son más o menos comunes al género humano, totalmente razonables y exigidas por las circunstancias. No me estoy refiriendo a cosas como sentarse y esperar una visión sobrenatural.

Voz: No es por la práctica por lo que nos capacitamos para el cielo, sino que la salvación se logra en la cruz. Nosotros no hacemos nada para alcanzarla, salvo seguir a Cristo.

Lewis: La controversia acerca de la fe y las obras ha durado mucho tiempo, y es un asunto extraordinariamente técnico. Personalmente confío en este texto paradójico: «procurad vuestra salvación [...] porque Dios es el que en vosotros opera».[3] En un sentido parece que no hacemos nada, y en otro que hacemos una enormidad. «Procurad vuestra salvación con temor y temblor»,[4] pero debéis tenerla en vosotros antes de trabajar por ella. No deseo insistir más en ello, ya que no interesaría a nadie salvo a los cristianos presentes, ¿me equivoco?

---

3. Filipenses 2:12-13.
4. Ibid.

Pregunta 9: ¿Podría la aplicación de normas cristianas acabar con, o reducir considerablemente, el progreso material y científico? Dicho de otro modo, ¿es malo para un cristiano ser ambicioso y esforzarse por lograr el éxito personal?

Lewis: Es más fácil considerar un ejemplo sencillo. ¿Cómo influiría la aplicación del cristianismo en alguien que se hallara en una isla desierta? ¿Sería menos probable que construyera una cabaña cómoda? La respuesta es «no». Podría llegar un momento, sin duda, en que el cristianismo le dijera que se preocupara menos de la cabaña, o sea, si corriera el peligro de llegar a pensar que la cabaña era lo más importante del universo. Pero no hay la menor evidencia de que el cristianismo le impidiera construirla.

¡Ambición! Hemos de tener cuidado con lo que queremos decir con esa palabra. Si significa adelantarse a los demás —que es lo que yo creo que significa—, es mala. Si significa exclusivamente deseo de hacer bien las cosas, entonces es buena. No es malo que un actor quiera representar su papel tan bien como sea posible, pero el deseo de que su nombre aparezca en letras mayores que el de los demás actores sí lo es.

Voz: Está muy bien ser un general, pero si alguien ambiciona ser general, ¿no debería tratar de serlo?

Lewis: El simple hecho de ser general no es ni malo ni bueno en sí mismo. Lo que importa moralmente es nuestra actitud hacia él. Un hombre puede pensar en ganar una guerra, y puede querer ser general porque crea sinceramente que tiene un buen plan, y se alegra de la oportunidad para llevarlo a cabo. Todo esto es correcto. Pero si piensa «¿Qué puedo sacar de mi posición?» o «¿cómo puedo aparecer en la primera plana de *Illustrated News*», entonces está mal. Lo que llamamos «ambición» significa generalmente el deseo de ser más conspicuos o tener más éxito que los demás. Lo malo ahí es el elemento competitivo. Es totalmente razonable querer bailar bien o tener aspecto agradable. Pero cuando el deseo dominante es bailar mejor que los otros o tener mejor aspecto que ellos —cuando comenzamos a sentir que si los demás bailaran tan bien como nosotros o tuvieran un aspecto tan bueno como el nuestro, se acabaría la alegría que nos produce bailar bien y tener un buen aspecto—, nos equivocamos.

Voz: Me gustaría saber hasta qué punto podemos imputar a la labor del diablo esos deseos legítimos a los que nos abandonamos. Hay gente que tiene una concepción muy sensible de la presencia del diablo. Otra gente no. ¿Es tan real el demonio como pensamos que es? A algunas personas este hecho no les inquieta, pues no desean ser buenos, pero otros están continuamente acosados por el Jefe.

Lewis: En ningún credo cristiano figura una alusión al diablo o a los diablos, y es perfectamente posible ser cristiano sin creer en ellos. Yo sí creo que existen seres semejantes, pero eso es asunto mío. Suponiendo que existan semejantes seres, el grado en que los hombres son conscientes de su presencia probablemente varía mucho. Quiero decir que cuanto más esté un hombre en poder del diablo, tanto menos consciente será de ello, por la misma razón que un hombre percibe que se está emborrachando cuando todavía está medianamente sobrio. La persona que está más despierta e intenta con ahínco ser buena será la que más conciencia tenga de la existencia del diablo.

Cuando comenzamos a armarnos contra Hitler es cuando nos damos cuenta de que nuestro país está lleno de agentes nazis, aunque, naturalmente, ellos no quieren que lo sepamos. De igual modo, el diablo tampoco quiere que creamos en el diablo. Si existen diablos, su primer objetivo es darnos un anestésico: hacer que bajemos la guardia.

Voz: ¿Retrasa el cristianismo el progreso científico, o aprueba a quienes ayudan espiritualmente a los que están en el camino de la perdición, eliminando científicamente las causas externas del problema?

Lewis: Sí. En abstracto es ciertamente así. En un momento determinado, si la mayor parte de los seres humanos se concentra exclusivamente en la mejora material de las condiciones exteriores, puede ser deber del cristiano advertir (y con bastante fuerza) que eso no es lo único que importa. Pero, como regla general, el conocimiento y lo que pueda ayudar al género humano, del modo que sea, nos favorece a todos.

Pregunta 10: La Biblia fue escrita hace miles de años para gente en un estado de desarrollo intelectual inferior al nuestro. Muchas partes parecen absurdas a la luz del conocimiento moderno. De acuerdo con esto, ¿no debería la Biblia ser escrita de nuevo con objeto de desechar lo ficticio y reinterpretar el resto?

Lewis: Ante todo me ocuparé de la idea de que la gente se hallaba en un estado inferior de desarrollo intelectual. No estoy seguro de lo que se oculta detrás de esa afirmación. Si quiere decir que la gente de hace miles de años no conocía buena parte de las cosas que nosotros conocemos, estoy, efectivamente, de acuerdo. Pero si quiere decir que en nuestro tiempo ha habido un progreso en *inteligencia*, creo que no hay ninguna evidencia de algo semejante.

La Biblia se puede dividir en dos partes: el Antiguo y el Nuevo Testamento. El Antiguo Testamento contiene elementos imaginarios. El Nuevo Testamento es principalmente enseñanza, no narración, y, cuando es narración, se trata, a mi juicio, de una narración histórica. Por lo que respecta al elemento imaginario del Antiguo Testamento, dudo mucho que sepamos lo suficiente para descubrirlo. Lo que comprendemos es algo que *queda enfocado gradualmente*. En primer lugar captamos, diseminado por las religiones paganas del mundo, pero aún de forma vaga y

58

mítica, la idea de un dios que es muerto y quebrantado, y luego vuelve a cobrar vida. Ninguna sabe dónde se supone que vivió y murió. No es histórico.

Después leemos el Antiguo Testamento. Las ideas religiosas están algo más enfocadas. Ahora todo está conectado con una nación particular, y, conforme avanza, las cosas están más enfocadas todavía. Jonás y la ballena,[5] Noé y su arca[6] son legendarios, pero la historia de la corte del rey David[7] es probablemente tan digna de confianza como la de Luis XIV.

Luego, en el Nuevo Testamento, *todo ocurre realmente*. El Dios agonizante aparece como Persona histórica, viviendo en un tiempo y un lugar determinados. Si pudiéramos seleccionar los elementos imaginarios y separarlos de los históricos, creo que perderíamos una parte esencial del proceso completo. Esa es mi opinión.

Pregunta 11: ¿Cuál de las religiones del mundo da a sus seguidores la mayor felicidad?

Lewis: ¿Que cuál de las religiones del mundo da a sus seguidores la mayor felicidad? Mientras dura, la religión de adorarse a uno mismo es la mejor.

Conozco a una persona mayor de edad, de unos ochenta años, que ha vivido una vida de egoísmo y

5. Libro de Jonás.
6. Génesis 6:8.
7. 2 Samuel 2; 1 Reyes 2.

vanidad ininterrumpidos desde los primeros años, y es más o menos —siento decirlo— uno de los hombres más felices que conozco. ¡Desde el punto de vista moral es muy difícil! No estoy abordando la cuestión desde este ángulo. Como ustedes tal vez sepan, yo no he sido siempre cristiano; pero no acudí a la religión para que me hiciera sentirme feliz. Siempre había sabido que eso podría hacerlo una botella de Oporto.

Si ustedes quieren una religión que les haga sentirse realmente cómodos, yo no les recomiendo ciertamente el cristianismo. Estoy seguro de que en el mercado debe haber un artículo de patente americana que les satisfará mucho más, pero yo no puedo dar ningún consejo al respecto.

Pregunta 12: ¿Hay algún signo exterior inconfundible en la persona entregada a Dios? ¿Podría ser arisca? ¿Podría fumar?

Lewis: Me acuerdo de los anuncios de «Sonrisas blancas», una pasta de dientes, que dicen que es la mejor del mercado. Si fueran verdad, resultaría lo siguiente:

1.   Quien comienza a usarla tendrá mejor los dientes.

2.   Quien la usa tiene mejores dientes que si no la usara.

Podemos probarla en el caso de alguien que tenga unos dientes malos y la usa, y comparamos con los de un negro sano que jamás ha usado pasta de dientes. Pongamos el caso de una solterona malhumorada, que es cristiana, pero avinagrada. Por otro lado, un individuo agradable y popular, pero que no ha ido nunca a la iglesia. ¿Quién sabe cuánto más avinagrada sería la solterona *si no fuera* cristiana y cuanto más simpático el amable individuo *si fuera* cristiano? No se puede juzgar el cristianismo comparando simplemente el *resultado* en estas dos personas. Haría falta saber sobre qué clase de materia prima está actuando Cristo en ambos casos. Como ilustración, pongamos otro ejemplo de la industria. Supongamos que hay dos fábricas: la fábrica A con un equipo pobre e inadecuado, y la fábrica B con un equipo moderno de primera clase.

No podemos juzgar por rasgos exteriores. Es preciso considerar el equipo y los métodos con los que están organizadas. Y así, al considerar el equipo de la fábrica A, es sorprendente el simple hecho de que funcione, y, al considerar la nueva maquinaria de la fábrica B, puede ser sorprendente que no funcione mejor.

Pregunta 13: ¿Cuál es su opinión acerca de las rifas dentro de la fábrica, dejando al margen lo buena que pueda ser la causa, causa a la que se le suele dar menos importancia que a la atractiva lista de premios?

Lewis: El juego no debe ser nunca una parte importante de la vida de un hombre; es una forma de transferir grandes sumas de dinero de una persona a otra sin hacer nada provechoso (crear empleo, plusvalía, etc.). Es, pues, una mala cosa. Si se hace en pequeña escala, no estoy seguro de que sea malo. Pero no sé mucho de este asunto, pues se trata del único vicio por el que jamás me he sentido tentado, y creo que es arriesgado hablar de cosas que no forman parte del propio modo de ser, pues no se entienden. Si alguien viniera a mí a pedirme que jugara dinero al *bridge*, le diría «¿cuánto espera ganar? Tómelo y márchese».

Pregunta 14: Mucha gente es completamente incapaz de entender las diferencias teológicas que han causado las divisiones entre los cristianos. ¿Considera que estas diferencias son esenciales? ¿No ha llegado el momento de la *re*unión?

Lewis: Para la re-unión el momento ha llegado siempre. Las divisiones entre los cristianos son un pecado y un escándalo, y los cristianos de todas las épocas deben contribuir a la re-unión, al menos con sus oraciones. Yo soy solo un seglar y un cristiano reciente, y no sé mucho sobre esta cuestión, pero en todo lo que he escrito y sobre lo que he pensado, me he aferrado siempre a las posiciones dogmáticas tradicionales. Como resultado, recibo cartas de conformidad de cristianos que se consideran habitualmente muy distintos. Por ejemplo, de jesuitas, de monjes, de monjas, y también de cuáqueros, de disidentes galeses, etc.

Me parece que los elementos «extremos» de cada Iglesia están más cerca el uno del otro, y que los liberales y «tolerantes» de cada comunidad no se podrán unir de ningún modo. El mundo del cristianismo dogmático es un lugar en que miles de personas de muy diversos tipos siguen diciendo lo mismo; y el mundo de la «tolerancia» y la religión «aguada» es un mundo en el que un pequeño número de personas (todas de la misma clase) dicen cosas totalmente distintas, y cambian de opinión cada pocos minutos. Nunca vendrá de ellos la re-unión.

Pregunta 15: La Iglesia ha utilizado en el pasado diferentes formas de coacción al tratar de obligar a aceptar un tipo particular de cristianismo en la comunidad. ¿No existe el peligro, si se da el poder necesario, de que ocurra de nuevo algo parecido?

Lewis: Sí. La persecución es un peligro al que están expuestos todos los hombres. Y tengo una postal firmada con las siglas «M. D.», en la que se dice que alguien que exprese y publique su creencia en el parto virginal de María debería ser desnudado y azotado. Esto muestra lo fácil que es que pueda volver la persecución de los cristianos por parte de los no cristianos. Ellos no lo llamarían naturalmente persecución. Lo llamarían «reeducación obligatoria de los ideológicamente no aptos», o algo parecido.

Pero tengo que admitir, por supuesto, que los propios cristianos han sido perseguidores en el pasado. El que *ellos* lo hicieran fue peor, pues ellos deberían haber conocido mejor las cosas; ellos fueron peores en cierto modo. Detesto cualquier clase de coacción religiosa, y hace apenas unos días escribía una enfadada carta a *The Spectator* acerca de los desfiles de la Iglesia en el Cuerpo de Guardia.

Pregunta 16: ¿Es necesario para la forma cristiana de vida asistir a un lugar de culto o ser miembro de una comunidad?

Lewis: Esa es una pregunta que no puedo responder. Mi propia experiencia es que, cuando me convertí al cristianismo, hace unos catorce años, pensaba que podría hacerlo por mi propia cuenta, retirándome a mi habitación y estudiando Teología, y que no iría a la iglesia ni a las sesiones evangelizadoras. Más tarde descubrí que ir era el único modo de tener izada la bandera, y descubrí naturalmente que esto significaba ser un blanco. Es extraordinario lo molesto que se le hace a nuestra familia que nos levantemos temprano para ir a la iglesia. No importa que nos levantemos temprano para cualquier otra cosa, pero si lo hacemos para ir a la iglesia, es algo egoísta por nuestra parte, y perturbamos el hogar.

Si hay algo en la enseñanza del Nuevo Testamento que se parece a una orden es que estamos obligados a recibir la Comunión,[8] y no podemos hacerlo sin ir a la iglesia. A mí, al principio, me disgustaban mucho sus himnos, que consideraba poemas de quinta categoría adaptados a una música de sexta categoría. Pero, a medida que seguí yendo, comprendí el gran valor que tenían: me acercaba a gente distinta con otros puntos de vista y una educación diferente; y así, poco a poco, mi presunción comenzó a desprenderse. Me di cuenta de que los himnos (que eran música de sexta categoría) eran cantados con devoción y provecho por un anciano santo con botas elásticas, sentado en el banco de enfrente, y eso me hizo comprender que yo no era digno de limpiarle las botas. Cosas así nos libran de nuestra presunción de solitarios. No dice mucho de mí el hecho de que guarde las leyes, ya que soy solamente un seglar, y no sé demasiado.

Pregunta 17: ¿Es verdad que para encontrar a Dios solo hace falta amarlo con suficiente fuerza? ¿Cómo puedo amarle lo bastante para ser capaz de encontrarlo?

Lewis: Si no ama a Dios, ¿por qué desea tan vivamente querer amarlo? Yo creo verdaderamente que la necesidad es real, y me atrevería a decir que la persona que la siente ya ha encontrado a Dios, aunque todavía no lo

---

8. Jn 6:53-54: «De cierto, de cierto os digo: Si no coméis la carne del Hijo del Hombre, y bebéis su sangre, no tenéis vida en vosotros. El que come mi carne y bebe mi sangre, tiene vida eterna; y yo le resucitaré en el último día».

haya reconocido completamente. No siempre nos damos cuenta de las cosas en el momento en que ocurren. En cualquier caso, lo importante es que Dios ha encontrado a esta persona, eso es lo esencial.

III

¿POR QUÉ NO SOY PACIFISTA?

LA PREGUNTA QUE se plantea es la de si prestar servicio en las fuerzas armadas de la sociedad civil a la que pertenecen es una acción mala, una acción moralmente indiferente o una acción moralmente obligatoria. Al preguntar cómo resolver la cuestión, estamos planteando una pregunta mucho más general: ¿cómo determinamos lo que está bien y lo que está mal?

La respuesta habitual es que lo decidimos por la conciencia. Sin embargo, es muy probable que nadie considere actualmente la conciencia como una facultad separada, como uno de los sentidos. Realmente no se puede considerar de ese modo. Sobre una facultad autónoma, como los sentidos, no se puede disputar: no se puede persuadir a nadie de que algo es verde si lo ve azul. Pero la conciencia puede ser modificada mediante argumentos, y si no lo creyeran así, no me habría pedido que viniera y razonara con ustedes acerca de la moralidad de obedecer la ley civil cuando nos ordena prestar servicio en las fuerzas armadas. *Conciencia* significa el hombre entero comprometido en un tema particular.

Pero, aun considerada así, la conciencia tiene todavía dos sentidos. Puede significar: a) el impulso que un hombre siente en su voluntad a hacer lo que piensa que está bien, o b) su opinión personal acerca del contenido de lo bueno y de lo malo.

Entendida en el primer sentido, la conciencia debe seguirse siempre. Es la soberana del universo, una soberana que «si tuviera poder, como tiene razón, gobernaría completamente el mundo». Con una conciencia así no hay que argumentar, sino obedecerla, y hasta desconfiar de ella es incurrir en culpa.

En cambio, en el segundo sentido, la conciencia es otro asunto. Las personas se pueden equivocar acerca del bien y del mal. La mayoría de la gente está equivocada en mayor o menor grado. ¿Cómo se corrigen los errores en este campo?

La analogía más útil al respecto es la de la razón, que yo no entiendo como facultad separada, sino, una vez más, como el hombre entero juzgando, solo juzgando, aunque ahora no sobre el bien y el mal, sino sobre la verdad y la falsedad.

Un proceso de razonamiento implica tres elementos. En primer lugar, hay una recepción de los hechos sobre los que razonar. Estos hechos nos llegan bien a través de nuestros sentidos o bien por la información de otras inteligencias. O bien la experiencia o bien la autoridad nos abastece del material necesario. Pero la experiencia de un hombre es tan limitada que la fuente más habitual es la segunda. De cada cien hechos sobre los que razonamos, noventa y nueve dependen de la autoridad.

En segundo lugar, está el acto directo y simple de la inteligencia, que consiste en percibir la verdad autoevidente, como cuando vemos que si A y B son iguales a C, A y B son iguales entre sí. A este acto lo llamo intuición. En tercer lugar, hay una destreza para ordenar los hechos de forma que nos proporcionen una sucesión de intuiciones que, enlazadas, aportan la prueba de la verdad o la falsedad de la proposición que estamos examinando. En una demostración geométrica cada paso es visto por intuición, y no verlo es ser un mal geómetra, pero no un imbécil. La destreza progresa ordenando el material en una serie de «pasos» percibidos intuitivamente. Fracasar al hacerlo no significa idiotez, sino tan solo falta de ingenio o inventiva. No ser capaz de seguirlo no significa necesariamente idiotez, sino distracción o defecto de memoria, que nos impide mantener unidas todas las intuiciones.

Toda corrección de los errores del razonamiento es siempre corrección del primero de los tres elementos. El segundo, el elemento intuitivo, no puede ser corregido si es erróneo, ni suministrado si falta. Podemos proporcionar nuevos hechos; podemos idear una prueba más simple, es decir, una concatenación más sencilla de verdades intuitivas. Pero cuando se da una incapacidad absoluta para ver alguno de los pasos autoevidentes con los que la demostración está construida, no se puede hacer nada.

Esta incapacidad absoluta es menos común de lo que suponemos. Todo profesor sabe que la gente afirma continuamente que «no puede ver» cierta inferencia autoevidente, pero la supuesta incapacidad suele ser una negativa a ver, que procede de una pasión que *no quiere* ver la verdad en cuestión, o bien de la pereza, que no quiere pensar sencillamente. Pero cuando se trata de una verdadera incapacidad, la discusión se ha terminado. No se pueden producir intuiciones racionales mediante argumentos. Una demostración descansa sobre algo indemostrable, que tiene que ser «visto». De esto resulta que una intuición imperfecta no se puede corregir. Eso no significa que no se pueda educar ejercitando la atención, y mortificando las pasiones perturbadoras o corrompidas por hábitos contrarios. Pero no es corregible mediante argumentos.

Antes de abandonar el tema de la razón, debo advertir que la autoridad no solo se combina con la experiencia para producir la materia prima, «los hechos», sino que con frecuencia se tiene que usar también en lugar del razonamiento como método de obtener conclusiones. Por ejemplo, muy pocos han seguido el razonamiento sobre el que se basa hasta el diez por ciento de las verdades en que creemos. Las aceptamos por la autoridad de los expertos, y es juicioso hacerlo así, pues aunque de ese modo nos equivocamos a veces, viviríamos como salvajes si no lo hiciéramos.

Estos tres elementos de los que hemos hablado se encuentran también en la conciencia.

Los hechos, como hemos visto, proceden de la experiencia y la autoridad. No me refiero a los «hechos morales», sino a hechos acerca de las acciones, sin sostener que no podamos suscitar cuestiones morales (no podríamos discutir sobre el pacifismo si no supiéramos lo que significa guerra y homicidio; ni sobre la castidad si no hubiéramos aprendido todavía lo que nuestros maestros llamaban «las realidades de la procreación»).

En segundo lugar, hay intuiciones puras del bien y el mal como tales.

En tercer lugar, hay un proceso argumentativo, mediante el cual ordenamos las intuiciones de manera que puedan convencer a alguien de que un acto particular está bien o mal. Finalmente, existe la autoridad como sustituto del argumento, que nos dice que algo está bien o mal, y que nosotros no hubiéramos descubierto de otro modo, ni lo aceptaríamos completamente si no tuviéramos buenas razones para creer que la autoridad es más sabia y mejor que nosotros mismos.

La principal diferencia entre razón y conciencia es inquietante. Reside en que, aunque las intuiciones indiscutibles de las que depende el razonamiento están sujetas a corrupción por las pasiones cuando consideramos la verdad y la falsedad, es más probable que se corrompan cuando consideramos el bien y el mal. La razón está en que, en el último caso, nos ocupamos de una acción que hemos de hacer u omitir nosotros aquí y ahora, y no consideraríamos esa acción a menos que deseáramos hacerla u omitirla, de forma que en esta esfera estamos sobornados desde el mismo comienzo.

De ahí que el valor de la autoridad para verificar, o incluso para invalidar, nuestra propia actividad sea mucho mayor en esta esfera que en la de la razón. Así se explica también que se tenga que educar a los hombres para obedecer las intuiciones morales prácticamente desde antes de que las tengan, y años antes de que sean lo bastante racionales como para someterlas a discusión. En caso contrario, se corromperán antes de que llegue el momento de someterlas a discusión.

Las intuiciones morales básicas son los únicos elementos de la conciencia sobre los que no se puede argumentar; si puede haber una diferencia de opinión, que no ponga de manifiesto que uno de los individuos sea un idiota moral, entonces no se trata de una intuición. Son las preferencias últimas de la voluntad por el amor en vez de por el odio, por la felicidad en lugar de por la desgracia. Hay gente tan corrompida que ha perdido incluso estas preferencias últimas, igual que hay gente que no puede ver ni las demostraciones más sencillas, pero en general se puede decir que son la voz de la humanidad como tal. Y es una voz indiscutible. Pero aquí comienza la dificultad. La gente afirma constantemente la condición indiscutible e incontestable de juicios morales que no son intuiciones en absoluto, sino consecuencias remotas o aplicaciones suyas, sujetas claramente a discusión, pues las conclusiones se pueden extraer ilógicamente y las aplicaciones se pueden hacer erróneamente.

Podemos encontrarnos a un fanático de la «abstinencia» que afirme que tiene una intuición irrebatible de que toda bebida fuerte es ilícita. La verdad es que no puede tener nada parecido. La verdadera intuición es que la salud y la armonía son buenas. Luego se hace una generalización a partir de los hechos, con el propósito de mostrar que la embriaguez causa enfermedad y altercados, y, si el fanático es cristiano, con la intención de hacerle oír asimismo la voz de la autoridad diciendo que el cuerpo es el templo del Espíritu Santo. Después se extrae la conclusión de que sería mejor no hacer uso jamás de aquello de lo que se puede abusar, una conclusión claramente abierta a discusión. Finalmente existe un proceso por medio del cual las primeras asociaciones, la arrogancia y cosas por el estilo convierten la conclusión inverosímil en algo que nuestro interlocutor considera irrebatible, pues no desea disputar sobre ella.

Esta es, pues, la primera regla a la que se han de ajustar las decisiones morales. La conciencia en el sentido (a), aquello que nos mueve a hacer el bien, tiene una autoridad absoluta, pero la conciencia en el sentido (b), nuestro juicio acerca de lo bueno, es una mezcla de intuiciones irrebatibles y de procesos de razonamiento sumamente discutibles, o de obediencia a la autoridad. Nada debe considerarse como intuición, a menos que sea tal que ningún hombre bueno haya soñado jamás dudar de ello. El hombre que «siente» que la abstinencia completa de la bebida o en el matrimonio es obligatoria ha de ser considerado como el que «cree con toda seguridad» que *Enrique VIII* no es de Shakespeare, o que la vacunación no es buena. Una convicción aceptada sin discusión solo es oportuna cuando se trata de lo axiomático, pero estas opiniones no son axiomáticas. Por todo ello comienzo excluyendo una opinión pacifista que, seguramente, ninguno de los presentes mantiene, pero que probablemente alguien podría mantener; a saber, la opinión del hombre que afirma saber por intuición directa que quitar la vida a un ser humano es un mal absoluto en cualquier circunstancia. Yo puedo argumentar con quien llega al mismo resultado mediante el razonamiento o la autoridad. Pero del hombre que afirma que no llega a ese resultado, sino que parte de él, solo puedo decir que no puede tener la intuición que afirma tener, y que confunde una opinión, o, más probablemente, una pasión, con una intuición. Naturalmente sería descortés decírselo. Solo podemos decirle que, si no es un imbécil moral, el resto del género humano, incluyendo a los individuos mejores y más sabios, lo es, y que el razonamiento a través de esa diferencia abismal de opiniones es imposible.

Tras excluir este caso extremo, vuelvo a preguntar acerca de cómo hemos de resolver las cuestiones morales. Hemos visto que el juicio moral implica hechos, intuiciones y razonamiento, y, si somos lo suficiente sabios para ser humildes, incluirá también respeto por la autoridad. Su fuerza depende de la fuerza de estos cuatro factores. Si los hechos sobre los que trabajo son claros y poco discutidos; si la intuición básica es indiscutible; si el razonamiento que conecta las intuiciones con el juicio particular está bien establecido, y si estoy de acuerdo, o en el peor de los casos no estoy en desacuerdo, con la autoridad, entonces puedo confiar en mi juicio moral con razonable seguridad. Y si, además, no hallo razones para suponer que alguna pasión ha influido en mi mente, la confianza se confirma.

Si, en cambio, los hechos son dudosos; si la pretendida intuición no es en modo alguno obvia para todos los hombres buenos; si el razonamiento es frágil y la autoridad está contra mí, entonces debo concluir que es probable que esté equivocado. Y si la conclusión que he alcanzado adula alguna de mis pasiones fuertes, entonces mi sospecha aumenta hasta convertirse en certeza moral. Entiendo por «certeza moral» el grado de certeza propio de las decisiones morales, y aquí no se debe esperar una certeza matemática.

Ahora pasaré a aplicar esta prueba al siguiente juicio: «es inmoral obedecer cuando la sociedad civil, de la que soy miembro, me ordena prestar servicio en las fuerzas armadas».

En primer lugar me ocuparé de los hechos. El principal hecho relevante aceptado por todos los individuos es que la guerra es muy desagradable. El principal punto de vista que los pacifistas propugnan como un hecho es que las guerras hacen siempre más mal que bien. ¿Cómo averiguar si es verdad? Forma parte de un tipo de generalizaciones históricas, que incluye una comparación entre las consecuencias efectivas de un acontecimiento real y las que se hubieran seguido si ese acontecimiento no hubiera ocurrido. «Las guerras no son buenas» implica la proposición de que, si los griegos se hubieran rendido a Jerjes y los romanos a Aníbal, el curso posterior de la historia tal vez hubiera sido mejor, pero, en todo caso, nunca peor de lo que efectivamente ha sido. Asimismo implica que un mundo mediterráneo en el que el poder de los cartagineses hubiera sucedido al persa habría sido al menos tan bueno, feliz y provechoso para la posteridad como el mundo mediterráneo efectivo, en el que el poder romano sucedió al griego. Mi objeción no es que esas opiniones me parezcan extraordinariamente improbables, sino que ambas son meramente especulativas. No hay modo imaginable de convencer a nadie de ninguna de ellas. En realidad, es dudoso que la idea de «lo que habría ocurrido»

—o sea, la idea de posibilidades no realizadas— no sea sino una técnica imaginativa para dar cuenta, con retórica vivida, de lo que ha ocurrido.

Que las guerras no hacen ningún bien está, entonces, tan lejos de ser un hecho que difícilmente se podría clasificar como una opinión histórica. La cosa no mejora restringiendo la afirmación a las «guerras modernas». ¿Cómo determinar si, en conjunto, habría sido mejor o peor para Europa el que esta se hubiera sometido a Alemania en 1914? Es verdad, sin duda, que las guerras no hacen nunca ni la mitad del bien que los líderes de los países beligerantes dicen que van a hacer. Nada hace la mitad del bien —quizás nada hace tampoco la mitad de mal— que se espera de ello. Esto puede ser un argumento razonable para no lanzar demasiado alto la propia propaganda, pero no es un argumento contra la guerra. Si una Europa germanizada en 1914 hubiera sido un mal, entonces la guerra que evitó ese mal, hasta la fecha, estaría justificada. Llamarla inútil porque no remedió también el problema de los barrios pobres y el desempleo es como acercarse a alguien que acaba de defenderse con éxito de un tigre devorador de hombres y decirle: «no está bien, amigo, no has conseguido remediar tu reumatismo».

Confrontado con la prueba de los hechos, creo que el punto de vista pacifista es débil. Me parece que la historia está llena tanto de guerras útiles como de guerras inútiles. Si todo lo que se puede aducir contra la frecuente apariencia de utilidad es mera especulación acerca de lo que podría haber ocurrido, no me convierte.

Vuelvo a la intuición. Cuando la hemos hallado, no hay nada que discutir. Tan solo existe el peligro de confundir la intuición con algo que es verdaderamente una conclusión, y que, en consecuencia, necesita argumentos. Necesitamos algo que ningún hombre bueno haya impugnado jamás. Buscamos un lugar común. Una intuición relevante parece ser que el amor es bueno y el odio malo, o que ayudar es bueno, y hacer daño, malo.

A continuación tenemos que considerar si el razonamiento nos conduce o no desde esta intuición a la conclusión pacifista. Y lo primero que observo es que la intuición no puede conducir a ninguna acción hasta que no es limitada de un modo u otro. No se puede hacer el bien *como tal* al hombre *como tal*. Tenemos que hacer este bien a este o aquel hombre. Si hacemos *este* bien, no podemos hacer también *aquel*, y si se lo hacemos a *estos* hombres, no se lo podemos hacer a *aquellos*. Por lo tanto, la ley de la beneficencia implica desde el principio no hacer cierto bien a ciertos hombres en cierto momento.

De aquí derivan ciertas reglas, de las que, hasta donde yo sé, no se ha dudado nunca, como la que establece que debemos ayudar a alguien a quien hemos prometido ayudar, antes que a otra persona; o a un bienhechor antes que a alguien que no tiene especial derecho sobre nosotros; a un compatriota antes que a un extranjero; a un pariente antes que al mero compatriota. Esto significa muy a menudo ayudar a A a expensas de B, que se ahoga mientras subimos a bordo a A. Y, antes o después, implica ayudar a A haciendo cierto grado de violencia a B; y cuando B es capaz de hacer daño a A, o no hacemos nada (lo cual está en contra de la intuición) o ayudamos a uno contra el otro, y a nadie le dicta la conciencia que ayude a B, el culpable. Por tanto, hay que ayudar a A. Supongo que, hasta aquí, estaremos todos de acuerdo. Si no queremos que el argumento termine en una conclusión antipacifista, deberemos seleccionar uno de los dos lugares de llegada. Tenemos que decir que la violencia a B es legítima solo si se detiene antes de llegar al homicidio, o que matar a individuos es legítimo, pero que la matanza en masa de una guerra no lo es.

Por lo que respecta a lo primero, acepto la proposición general de que es preferible hacer a B una violencia pequeña que una grande, siempre que la menor violencia sea igualmente eficaz para refrenarlo, e igualmente buena para todos los interesados, incluido B, cuya reclamación, aunque existe, es inferior a las de los demás implicados. Por tanto, no concluyo que matar a B sea malo siempre. En algunas ocasiones —por ejemplo, en una pequeña comunidad aislada—, la muerte puede ser el único método eficaz de coerción. En alguna comunidad su efecto sobre la población puede ser estimable, no solo como factor disuasorio por el miedo que causa, sino también como expresión de la significación moral de ciertos crímenes. Por lo que respecta a B, creo al menos tan probable que un hombre malo tenga un buen fin en la planta de ejecución unas semanas después del crimen que en el hospital de la prisión veinte años después. No presento argumentos para mostrar que la pena capital sea indudablemente buena. Tan solo sostengo que no es indudablemente mala. Se trata de un asunto sobre el que los hombres buenos pueden discrepar legítimamente.

Por lo que respecta a lo segundo, la posición parece ser mucho más clara. Es discutible que siempre se pueda castigar satisfactoriamente a un criminal sin la pena de muerte. Es verdad que no se puede impedir, salvo por medio de la guerra, que una nación entera robe o haga lo que quiera. Es casi igualmente cierto que la absorción de ciertas sociedades por otras es un gran mal. La doctrina de que la guerra es siempre un gran mal parece implicar una ética materialista, la creencia de que la muerte y el dolor son los mayores males. Yo no creo que lo sean. Yo creo que la supresión de una religión más alta por una más baja, o incluso la de una cultura más elevada por una más baja, es un mal mucho mayor.

Tampoco me conmueve demasiado el hecho de que muchos de los individuos que caen en la guerra son inocentes. En cierto sentido esto no hace la guerra peor, sino mejor. Todos los hombres mueren, y la mayoría de ellos miserablemente. El que dos soldados de bandos contrarios, cada uno de los cuales está convencido de que es su país el que tiene razón, en el momento en que su egoísmo está en suspenso y su voluntad de sacrificio en el cénit, se puedan matar en plena batalla no me parece en absoluto lo más terrible de este mundo terrible. Lógicamente uno de ellos (al menos) tiene que estar equivocado. Y, desde luego, la guerra es un gran mal. Pero no es ese el problema. La cuestión es determinar si la guerra es el mayor mal del mundo, de manera que sea preferible la sumisión y la situación, cualquiera que sea, que pueda resultar de ella. La verdad es que no veo argumentos convincentes para este punto de vista.

Otra tentativa de alcanzar una conclusión pacifista a partir de la intuición es de carácter más político y calculador. Si no el mayor, la guerra es un gran mal, de ahí que a todos nos gustaría erradicarla si fuera posible. Tenemos que aumentar, mediante la propaganda, el número de pacifistas en cada nación hasta que sea lo bastante grande como para disuadir a las naciones de ir a la guerra. A mí me parece esto una obra insensata. Solo las sociedades liberales toleran a los pacifistas. En la sociedad liberal, el número de pacifistas será o no lo bastante grande como para debilitar al Estado como Estado beligerante. Si no es lo bastante grande, no se ha hecho nada. Si lo es, hemos entregado el Estado que tolera el pacifismo a su vecino totalitario, que no lo tolera. Un pacifismo así es el camino más corto a un mundo en que no habrá pacifistas.

Puesto que la esperanza de abolir la guerra mediante el pacifismo es muy débil, podríamos preguntarnos si hay algún otro modo. Pero la pregunta pertenece a un tipo de pensamiento que me resulta muy extraño. Consiste en suponer que las grandes miserias de la vida humana y su presencia permanente se podrían eliminar descubriendo el remedio adecuado. Después se procede por eliminación, y se concluye que hay que hacer lo que sea, por improbable que sea el remedio. De ese modo de pensar procede el fanatismo de marxistas, freudianos, eugenistas, espiritualistas, douglasitas, unionistas federales, vegetarianos y demás.

Yo no he recibido garantías de que lo que podamos hacer erradicará el dolor. Creo que el mejor resultado es el conseguido por personas que trabajan en silencio y con ahínco en sus objetivos, como la abolición del comercio de esclavos, la reforma del sistema penitenciario, la jornada de trabajo, o la tuberculosis, no por quienes creen que pueden conseguir la justicia, la salud o la paz universales. Creo que el arte de la vida consiste en atajar el mal inmediato tan bien como podamos. Impedir o posponer una guerra mediante una política prudente, o acortarla mediante la fuerza o la habilidad, o hacer que sea menos terrible mediante una actitud de clemencia hacia los derrotados y hacia los civiles, es más útil que todas las propuestas de «paz universal» que se hayan hecho jamás, igual que el dentista que puede suprimir un dolor de muelas hace más por la humanidad que los hombres que creen tener un plan para producir una raza con una salud perfecta.

No encuentro, pues, una razón clara y convincente para inferir del principio universal de beneficencia la conclusión de que debo desobedecer si, de acuerdo con lo establecido por la legítima autoridad, me corresponde servir como soldado. Ahora vuelvo a considerar la autoridad. La autoridad es especial o general, y cada una de esas formas, humana o divina.

La autoridad humana especial que recae sobre mí en este asunto es la de la sociedad a la que pertenezco. Esta sociedad, con su declaración de guerra, ha decidido la cuestión contra el pacifismo en este ejemplo particular, y, mediante sus instituciones y costumbres milenarias, se ha decidido contra el pacifismo en general. Si soy pacifista, tengo contra mí a Arturo y Alfredo, a Isabel y a Cromwell, a Walpole y a Burke. Tengo contra mí a mi Universidad, mi Colegio, mis padres. Tengo en mi contra a la literatura de mi país, y no puedo ni siquiera abrir las páginas de *Beowulf*, Shakespeare, Johnson, Wordsworth, míos todos ellos, sin ser reprobado. Naturalmente, la autoridad de Inglaterra no es definitiva, pero hay una diferencia entre autoridad decisiva y autoridad sin ninguna importancia en absoluto. Los hombres pueden diferir acerca de la importancia que conceden a la casi unánime autoridad de Inglaterra. No me interesa ahora valorar ese hecho, sino tan solo observar que, sea cual sea la importancia que tenga, esa autoridad está contra el pacifismo. Y, como es lógico, mi deber de tenerla en cuenta aumenta por el hecho de que estoy obligado con esta sociedad por nacimiento, educación, por la cultura que me ha permitido hacerme pacifista y por las leyes tolerantes que me permiten seguir siéndolo. Con esto basta para entender la autoridad humana especial.

La sentencia de la autoridad humana general es igualmente clara. Desde el amanecer de la historia hasta el hundimiento del *Terris Bay*, en el mundo se oye un eco de elogio de la guerra justa. Para ser pacifista, tengo que separarme de Homero y Virgilio, de Platón y Aristóteles, de Zaratustra y *Bhagavad-Gita*, de Cicerón y Montaigne, de Islandia y Egipto. Desde este punto de vista, estoy tentado a responder al pacifista como Johnson respondió a Goldsmith: «No, Señor. Si no acepta la opinión universal de la humanidad, no tengo más que decir».

Sé que, aunque Hooker pensaba que «la voz común y permanente de los hombres es como una sentencia del mismo Dios», muchos de los que la oyen le dan muy poca o ninguna importancia. Este descuido de la autoridad humana puede tener dos raíces. Puede tener su origen en la creencia de que la historia humana es un movimiento simple y unilineal de lo peor a lo mejor, que es lo que se llama fe en el progreso, de tal forma que cada generación es siempre y en todos los aspectos más sabia que todas las generaciones precedentes. Para los que creen esto, nuestros antepasados están superados, y no les parece improbable que el mundo entero haya estado equivocado hasta anteayer, y que ahora se haya enmendado súbitamente. Confieso que no puedo discutir con personas así, pues no comparto su premisa básica. Los que creen en el progreso observan correctamente que, en el mundo de las máquinas, el nuevo modelo invalida el antiguo, y, desde aquí, infieren erróneamente un tipo semejante de invalidez en cuestiones como la virtud y la sabiduría.

Pero la autoridad humana se puede despreciar por una razón completamente distinta. Se puede sostener —al menos lo puede sostener un pacifista cristiano— que el género humano sufrió la caída y está corrompido, de manera que incluso el acuerdo de grandes y sabios maestros humanos y de grandes naciones, muy separados entre sí en tiempo y lugar, no proporciona el menor indicio acerca del bien. Si se presenta este argumento, tenemos que pasar al siguiente punto, el de la autoridad divina.

Voy a considerar la autoridad divina exclusivamente desde el punto de vista del cristianismo. De las demás religiones civilizadas, creo que solo una, el budismo, es genuinamente pacifista. En cualquier caso, no tengo suficiente información al respecto para discutir con ellas con provecho. Si nos situamos en el cristianismo, descubrimos que el pacifismo se basa casi exclusivamente en algunas de las máximas de nuestro Señor. Si estas máximas no prueban la posición pacifista, es vano tratar de apoyarlo en el *securus judicat* general del cristianismo en su conjunto. Cuando trato de obtener asesoramiento en esto, descubro que la autoridad en general está contra mí. Considerando la declaración que es mi autoridad inmediata como anglicano, el artículo treinta y nueve, descubro que establece blanco sobre negro que «es legítimo para el cristiano, cuando lo ordena el Presidente de la nación, usar armas y prestar servicio en la guerra». Los disidentes no pueden aceptar esto, pero puedo remitirlos a la historia de los presbiterianos, que de ninguna manera es pacifista.

Los papistas tal vez no acepten esto, pero puedo remitirlos a la resolución de Tomás de Aquino, según la cual «lo mismo que los príncipes defienden legítimamente su país con la espada contra los disturbios internos, deben defenderla también con la espada de los enemigos exteriores». Si alguien pide la autoridad patrística, puedo ofrecerle la de san Agustín: «Si el discipulado cristiano exigiera desaprobar completamente la guerra, entonces a aquellos que buscaban el consejo de salvación del evangelio se les habría dado primero esta respuesta, que arrojaran las armas y renunciaran por completo a ser soldados. Pero lo que verdaderamente se les dijo fue esto: "No intimidéis a nadie [...] y contentaos con vuestra paga"». Cuando les mandó que se contentaran con el salario debido de soldado, no les prohibió que recibieran salario como soldados». Pero registrar todas las voces individuales sería interminable. Toda comunidad que afirma ser Iglesia, es decir, que reclama la sucesión apostólica y tiene un credo, ha bendecido constantemente lo que consideraba que eran armas justas. Doctores, obispos y papas, incluido, a mi parecer, el papa actual (Pío XII), han desestimado una y otra vez la posición pacifista. Tampoco encontramos una palabra sobre el pacifismo en los escritos apostólicos, que son más antiguos que el Evangelio y representan, si es que lo representa algo, el cristianismo originario, del cual es un producto el mismo Evangelio.

Los argumentos de algunos cristianos en favor del pacifismo se basan en determinadas declaraciones dominicales, como esta: «No resistáis al malvado; antes, a cualquiera que te hiera en la mejilla derecha, vuélvele también la otra». Ahora tengo que vérmelas con el cristiano que dice que esto hay que tomarlo al pie de la letra sin limitación. No necesito señalar, pues lo he indicado ya previamente, que un cristiano así debería tomarse de igual modo las demás afirmaciones duras de nuestro Señor. Nadie dejará de sentir respeto por un hombre que así lo haga, que en toda ocasión haya dado a todo el que le haya pedido, y, finalmente, haya dado al pobre todo lo que tiene. Con un hombre así se supone que estoy disputando, pues ¿quién consideraría que merece la pena responder a una persona incoherente, que toma *à la rigueur* las palabras de nuestro Señor cuando le dispensan de una posible obligación, y con amplitud cuando le exigen que debería hacerse pobre?

Hay tres modos de entender la orden de presentar la otra mejilla. Una es la interpretación pacifista, según la cual el mandato significa lo que dice, e impone un deber de no resistencia con todos los hombres y en todas las circunstancias. Otra es la interpretación minimizadora, según la cual la orden no significa lo que dice, sino que es meramente un modo orientativo e hiperbólico de decir que debemos aguantar mucho y ser pacientes. Todos, ustedes y yo, estamos de acuerdo en rechazar esta interpretación. El conflicto se da, pues, entre la interpretación pacifista y una tercera, que paso a exponerles a continuación.

Creo que el texto significa exactamente lo que dice, pero con una salvedad implícita en favor de aquellos casos —claramente excepcionales— que cualquier oyente daría por sentado que eran excepciones sin necesidad de que se dijera. O, por presentarlo en un lenguaje más lógico, creo que la orden afirma el deber de no resistencia en lo que respecta a los agravios *simpliciter*, sin menoscabo de algo que tal vez tengamos que permitir después acerca de los daños *secundum quid*. En la medida en que los factores relevantes del caso son una injuria que me hace un vecino y el deseo por mi parte de vengarme, sostengo que el cristianismo manda la humillación absoluta de ese deseo. No se da ningún cuartel a la voz que, dentro de nosotros, dice: «Si él me lo ha hecho a mí, yo también se lo haré a él». Pero cuando introducimos otros factores, el problema, como es lógico, cambia. ¿Supone alguien que los que escuchaban a nuestro Señor creían que Él quería decir que si un maníaco homicida, que intenta asesinar a otro individuo, tratara de golpearme para apartarme de su camino, debería hacerme a un lado y dejarle que atrapara a su víctima? Yo personalmente considero imposible que entendieran sus palabras de este modo. Asimismo creo que es imposible que supusieran que el Señor quería decir que el mejor modo de educar a un niño sería permitirle golpear a sus padres siempre que estuviera irritado, o que, una vez que hubiera agarrado la mermelada, le dieran también la miel.

Creo que el significado de sus palabras era perfectamente claro: «En la medida en que estamos enojados porque hemos sido ofendidos, debemos mortificar nuestra ira y no devolver la ofensa». Se podría pensar, incluso, que cuando fuera un magistrado el golpeado por una persona privada, o un padre por su hijo, o un profesor por su alumno, o un hombre cuerdo por un lunático, o un soldado por el enemigo público, nuestro deber podría ser diferente, pues en todos esos casos los motivos para devolver el golpe podían ser otros que la venganza egoísta. En realidad, como la audiencia eran personas privadas de una nación desarmada, parece improbable que supusieran que nuestro Señor se estaba refiriendo a la guerra. No era en la guerra en lo que habría pensado. Más probable es que lo que pasara por sus mentes fueran las fricciones de la vida diaria entre lugareños.

LO ETERNO SIN DISIMULO

Esta es la principal razón para preferir esta interpretación a la de ustedes. Una afirmación se ha de tomar en el sentido que tendría en el tiempo y en el lugar en que fue pronunciada. Pienso, además, que, interpretada de ese modo, armoniza mejor con las palabras de san Juan Bautista a los soldados, y con el hecho de que una de las pocas personas a las que nuestro Señor alabó sin reservas fuera un centurión romano. Todo ello me autoriza a suponer asimismo que el Nuevo Testamento es internamente coherente. San Pablo aprueba el uso de la espada por parte del magistrado (Romanos 13:4), y otro tanto hace san Pedro (1 Pedro 2:14). Si hubiéramos de tomar las palabras de nuestro Señor en el sentido ilimitado que exige el pacifista, nos veríamos obligados a concluir que su verdadero significado, oculto para los que vivieron en su tiempo y hablaban su lengua (y a los que Él eligió para ser sus mensajeros en el mundo) y para todos sus sucesores, habría sido descubierto finalmente en nuestra época. Sé que hay gente que no hallará dificultad en creer una cosa así, como hay otra dispuesta a afirmar que el verdadero sentido de Platón o de Shakespeare, extrañamente oculto para sus contemporáneos e inmediatos sucesores, ha mantenido su virginidad para el abrazo audaz de uno o dos profesores actuales. No puedo aplicar a los asuntos divinos un método de exégesis que he rechazado con desdén en mis estudios profanos. Cualquier teoría que se base en un pretendido «Jesús histórico», que se proponga para ser comprendida a partir del Evangelio y luego se exponga en oposición a la enseñanza cristiana, es una teoría sospechosa. Ha habido muchos Jesús históricos —un Jesús liberal, un Jesús espiritual, un Jesús barthiano, un Jesús marxista—. Todos ellos son cosecha fácil de la lista de los editores, como el nuevo Napoleón o la nueva reina Victoria. No son estos fantasmas los que busco para mi fe y mi salvación.

La autoridad cristiana, pues, me abandona en mi búsqueda del pacifismo. Queda por preguntar si, en el caso de que, pese a todo, uno continúe siendo pacifista, debemos sospechar la secreta influencia de una pasión. Espero que no me interpreten mal. No pretendo participar en los cambios de curso a que están expuestas sus creencias en la prensa popular. Déjenme que les diga al principio que considero muy improbable que alguno de los presentes sea menos valiente que yo. Pero permítanme que les diga, también, que no hay hombre vivo tan virtuoso como para no sentirse insultado cuando se le pide que considere la posibilidad de una pasión pervertida cuando se trata de elegir entre determinada felicidad y determinada infelicidad. No nos confundamos. Todo lo que tememos, toda clase de infortunios, se encuentra reunido a la vez en la vida de un soldado en servicio activo. Le amenaza, tanto como la enfermedad, el dolor y la muerte. Tanto como la pobreza, le amenaza un hospedaje malsano, el frío, el calor, la sed, el hambre. Tanto como la esclavitud, le amenaza la fatiga, la humillación, la injusticia y el mando arbitrario. Como el exilio, le separa de los que ama. Como en galeras, le encarcela en cuarteles cerrados con compañeros incompatibles. Le amenaza *todo* mal temporal, todo menos el deshonor y la perdición última, y, quienes la soportan no les gusta más de lo que nos gustaría a nosotros.

Por otro lado, aunque tal vez no sea culpa suya, es un hecho incuestionable que el pacifismo les amenaza con casi nada. Cierto oprobio público (sí, oprobio) por parte de gente cuya opinión ustedes desestiman, y cuya sociedad no frecuentan, se ve pronto recompensada por la calurosa aprobación mutua que existe inevitablemente en cualquier grupo minoritario. Por lo demás, les ofrece la posibilidad de seguir con la vida que conocen y aman, entre la gente y en el ambiente que conocen y aman. Les ofrece tiempo para poner los cimientos de su carrera, pues, quiéranlo o no, no pueden por menos que lograr el trabajo que el soldado licenciado buscará un día en vano. No tienen que temer siquiera, como tal vez haya tenido que temer el pacifismo en la pasada guerra, que la opinión pública los castigue cuando llegue la paz, pues hemos aprendido que, aunque el mundo es lento en perdonar, es rápido en olvidar.

Esta es la razón por la que no soy pacifista. Si tratara de serlo, encontraría una base objetiva muy dudosa, un hilo oscuro de razonamiento, el peso de la autoridad humana y divina en mi contra, y sólidas razones para sospechar que mi decisión ha sido dirigida por mis deseos. Como ya he dicho, las decisiones morales no permiten certeza matemática. Puede ser, con todo, que el pacifismo tenga razón. Pero me parece muy extraño, mucho más extraño de lo que me gustaría, juzgar con la voz de casi toda la humanidad contra mí.

IV

EL DOLOR DE LOS ANIMALES.
UN PROBLEMA TEOLÓGICO (1950)[1]

PREGUNTA DE C. E. M. Joad

Durante muchos años he creído que el problema del dolor y del mal suponía una objeción insuperable para el cristianismo. O bien Dios, pudiendo abolirlo, no lo hizo, en cuyo caso no entendía cómo podía ser bueno, pues toleró intencionadamente la presencia en el universo de un estado de cosas malo; o bien, aun queriendo abolirlo no pudo hacerlo, en cuyo caso no entendía cómo podía ser

---

1. En su libro *El problema del dolor*, una de las preguntas que Lewis se hacía se refería al modo de explicar la presencia del dolor en un mundo creado por un Dios infinitamente bueno, y en criaturas que no son responsablemente pecaminosas. El capítulo «El dolor animal» provocó la pregunta del difunto C. E. M. Joad, que fue director del departamento de Filosofía de la Universidad de Londres. El resultado fue esta controversia que se publicó por primera vez en *The Month*.

omnipotente. El dilema es tan antiguo como san Agustín, y nadie pretende que haya un camino fácil para salir de él.

Además, los intentos de justificar el dolor, o de mitigar su atroz crueldad, o de presentarlo de otro modo que como un mal muy grande, quizá el mayor de los males, son fracasos evidentes. Son testimonios de la bondad del corazón de los hombres, o tal vez de la delicadeza de su conciencia, más que de la agudeza de su inteligencia. Sin embargo, aun concediendo que el dolor es un gran mal, tal vez el mayor de los males, he llegado a aceptar que el punto de vista cristiano sobre el dolor no es incompatible con el concepto de un Creador y el del mundo hecho por Él. Entiendo que este punto de vista se puede expresar brevemente como sigue: Dios no tenía interés en crear una especie compuesta por autómatas virtuosos, pues la «virtud» de los robots, que no pueden hacer sino lo que hacen, es exclusivamente un título de cortesía. Es análoga a la «virtud» de la piedra que rueda cuesta abajo, o a la del agua que se hiela a cero grados. ¿Con qué objeto, se podría preguntar, iba a crear Dios semejantes criaturas? ¿Para ser alabado por ellas? Pero la alabanza automática es mera sucesión de ruidos. ¿Para que Él pudiera amarlas? Pero las criaturas así no son esencialmente dignas de amor. No se puede amar a los títeres. Esa es la razón por la que Dios dio al hombre una voluntad libre, para que pudiera crecer en virtud con su propio esfuerzo, y llegara a ser, como ser moral libre, un ser digno del amor de Dios.

La libertad implica libertad para extraviarse, y el hombre efectivamente se extravió, abusando del don divino y haciendo el mal. El dolor es un subproducto del mal, y, por eso, entró en el mundo como consecuencia del mal uso por parte del hombre del don divino de la voluntad libre.

Hasta ahí lo entiendo, y todo eso lo acepto realmente. Todo es plausible, racional, consistente.

Pero hay una dificultad para la que no veo solución. En realidad, he escrito este artículo con la esperanza de que alguien me instruya. La dificultad a la que me refiero es la del dolor animal y, más en concreto, el dolor del mundo animal antes de que apareciera el hombre en el escenario cósmico. ¿Qué explicación le dan los teólogos? La explicación más elaborada y cuidadosa que conozco es la de C. S. Lewis.

Lewis hace una distinción entre capacidad de sentir y consciencia. Cuando tenemos las sensaciones A, B y C, el hecho de tenerlas y el hecho de conocer que las tenemos indica que hay algo que se destaca lo bastante de ellas para percibir que tienen lugar y que sigue la una a la otra. Se trata de la consciencia, la consciencia de que se da la sensación. Con otras palabras: la experiencia de la sucesión, de la sucesión de sensaciones, exige una identidad propia o alma, la cual es algo distinta de las sensaciones que ella experimenta. (El señor Lewis apela a la útil metáfora del cauce del río, por el que fluye la corriente de las sensaciones). La consciencia implica, por consiguiente, un *ego* ininterrumpido que distingue la sucesión de sensaciones. La capacidad de sentir es la mera sucesión de sensaciones. Los animales tienen capacidad de sentir, pero no consciencia. El señor Lewis ilustra esta idea como sigue: «Esto significa que, si diéramos dos latigazos a un animal, habría realmente dos dolores, pero no habría un único yo capaz de conocer que es el sujeto invariable que «ha experimentado dolores». Ni siquiera cuando padece un único dolor hay un «yo» capaz de decir «tengo dolor».

Si el animal pudiera distinguirse a sí mismo como distinto de la sensación, si fuera capaz de distinguir el cauce del torrente, si pudiera decir «yo tengo dolor», sería capaz de conectar las dos sensaciones y hacer de ellas una experiencia *suya*».[2]

a)   Entiendo el punto de vista del señor Lewis, o, mejor, lo entiendo sin percibir su relevancia. La cuestión es cómo explicar el acontecimiento del dolor (i) en un universo que es la creación de un Dios infinitamente bueno, y (ii) en criaturas que nos son moralmente pecaminosas. Decir que esas criaturas no son realmente criaturas, puesto que no son conscientes en el sentido de la definición de consciencia que hemos dado, no arregla las cosas. Si es verdad, como dice el señor Lewis, que la

---

2. *El problema del dolor*, Rayo, 2006, p. 133. [Existe también una edición más reciente integrada en *Clásicos selectos de C. S. Lewis*, Grupo Nelson, 2021 (*N. del E.*)].

forma correcta de plantear el asunto no es «este animal siente dolor», sino «en este animal está teniendo lugar un dolor»,[3] el dolor, en todo caso, tiene lugar. El dolor es sentido aun cuando no haya un *ego* ininterrumpido que lo sienta y lo relacione con los dolores pasados y futuros. El hecho es que el dolor es sentido (no importa quién o qué lo sienta ni si lo siente una consciencia ininterrumpida) en un universo planeado por un Dios bueno, y eso requiere explicación.

b)   En segundo lugar, la teoría de la capacidad de sentir como mera sucesión de sensaciones presupone que no hay consciencia ininterrumpida. Una consciencia no ininterrumpida no presupone memoria. Me parece un disparate decir que los animales no recuerdan. El perro que se agacha al ver el látigo con el que ha sido golpeado continuamente *se comporta* como si recordara, y la conducta es lo único por lo que podemos juzgarlo. En general, todos actuamos bajo la hipótesis de que el caballo, el gato y el perro que conocemos recuerdan muy bien, a *veces* mejor que nosotros. Ahora bien, no veo cómo es posible explicar el hecho de la memoria sin una consciencia ininterrumpida.

El señor Lewis admite esto y reconoce que los animales superiores —monos, elefantes, perros, gatos, etc.— tienen una identidad propia que conecta las experiencias.

---

3. Ibid.

Tienen, de hecho, lo que él llama alma.[4] Pero este supuesto introduce un conjunto nuevo de dificultades.

a)   Si los animales tienen alma, ¿qué pasa con su inmortalidad? Recuérdese que el problema es debatido en el cielo, al comienzo de la obra de Anatole France *Penguin Island*, después de que el miope san Mael haya bautizado a los pingüinos, aunque la solución que se ofrece no es satisfactoria.

b)   El señor Lewis indica que los animales domésticos superiores consiguen la inmortalidad como miembros de una sociedad corporativa de la que el hombre es la cabeza. «El hombre bueno-y-la-buena esposa-gobernando-sobre-sus-hijos-y-sus-animales-en-un-hogar-bueno».[5] Y si preguntamos dónde reside la identidad personal de un animal erigido en miembro del cuerpo completo del hogar, responderé del siguiente modo: «Allí donde siempre habitó durante su vida terrena, en su relación con el Cuerpo mencionado y, sobre todo, con el dueño, que es la cabeza». El hombre, podemos decir también, conocerá a su perro; el perro a su amo, y al conocerlo *será* él mismo [...]. Sin embargo, todo esto «ha sido propuesto solo como ilustración [...] de los principios generales que deben tomarse en cuenta al elaborar una teoría de la resurrección animal».[6]

---

4. Ibid., p.134.
5. Ibid., p.140.
6. Ibid.

No sé si esto es buena teología, pero para nuestra presente investigación suscita dos dificultades.

(i)   No incluye los animales superiores que no conocen al hombre —por ejemplo monos y elefantes—, y que, sin embargo, el señor Lewis considera que tienen alma.

(ii)   Si un animal puede llegar a tener una individualidad buena e inmortal gracias a un hombre bueno, también puede alcanzar una individualidad mala e inmortal gracias a un hombre malo. Pienso en el perro faldero sobrealimentado de mujeres ociosas sobrealimentadas. Es un poco severo que, a pesar de no tener culpa, los animales a los que les correspondan amos egoístas, desenfrenados o crueles, deban formar parte por toda la eternidad de un todo suprapersonal egoísta, desenfrenado o cruel, y tal vez deban ser castigados por participar en él.

c)   Si los animales tienen alma y, presumiblemente, libertad, para el dolor de los animales se debe aceptar el mismo tipo de explicación que el que se propone para el dolor de los hombres. Con otras palabras: el dolor es uno de los males consiguientes al pecado. Los animales superiores, pues, son corruptos. La cuestión que surge es esta: ¿quién los ha corrompido? Al parecer hay dos respuestas posibles: (1) el diablo; (2) el hombre.

1.   El señor Lewis examina esta respuesta. Los animales, dice, podrían haber sido todos originariamente herbívoros. Se hicieron carnívoros —es decir, comenzaron a atacarse, a despedazarse y a comerse unos a otros— porque «cierto poder creado y extraordinariamente poderoso hubiera estado trabajando para el mal en el universo material, en el sistema solar o, al menos, en el planeta Tierra antes de que el hombre entrara en escena [...], si existe un poder semejante [...] pudo muy bien haber corrompido la creación animal antes de que apareciese el hombre».[7]

Tengo que hacer tres comentarios:

(i)   Encuentro francamente increíble la hipótesis de Satán tentando a un mono. Soy consciente de que esto no es una objeción lógica, pero la imaginación —¿o tal vez el sentido común?— se revuelve contra ella.

(ii)   Aunque la mayoría de los animales son víctimas de la rojez del «diente y la garra» de la naturaleza, otros muchos no lo son. La oveja que se cae al barranco, se rompe una pierna y muere de hambre; cientos de miles de aves migratorias que mueren de hambre todos los años; criaturas heridas y no muertas, y cuyos cuerpos abrasados tardan mucho en morir. ¿Se debe este dolor a la corrupción?

---

7. Ibid., p. 135.

(iii) Los animales sin alma, de acuerdo con la exposición del propio señor Lewis, no pueden ser incluidos en la explicación de la «corrupción moral». Sin embargo, consideremos solo un ejemplo de disposición de la naturaleza. Las avispas, *Ichneumonidae*, pican a su víctima, la oruga, de tal manera que le paralizan los nervios centrales. Luego depositan sus huevos sobre la oruga indefensa. Cuando las larvas salen de los huevos proceden inmediatamente a alimentarse de la carne, viva aunque indefensa, de sus incubadoras, las orugas paralizadas pero sensibles.

Es difícil suponer que la oruga no sienta dolor al ser devorada lentamente, más difícil aún atribuir el dolor a corrupción moral, pero lo más difícil de todo es concebir cómo un Creador infinitamente sabio y bueno podría haber planeado una ordenación así.

2. La hipótesis de que los animales han sido corrompidos por el hombre no explica el dolor animal durante los cientos de millones de años (probablemente unos 900 millones) en que la tierra albergaba criaturas vivas, pero no hombres.

En resumen, los animales, o tienen alma o no la tienen. Si no la tienen, se siente dolor por algo de lo que no puede haber responsabilidad moral, y para lo que no se puede invocar como excusa el mal uso del don divino de la libertad moral. Si la tienen, no podemos dar una explicación plausible (a) de su inmortalidad —¿cómo trazar la frontera entre animales con alma y hombres con alma?— o (b) de su corrupción moral, lo cual permitiría a los apologistas cristianos situarlos respecto al dolor bajo el mismo título de explicación que el que se propone para el hombre, y que yo estoy dispuesto a aceptar.

Bien pudiera ser que hubiera una respuesta a este problema. Le quedaría muy agradecido a cualquiera que me dijera cuál es.

Respuesta de C. S. Lewis

Aunque supone un placer, así como un peligro, salir al encuentro de un disputador tan sincero y justo como el doctor Joad, lo hago con cierta mala gana. El doctor Joad no escribe solo como un polemista que pide una respuesta, sino como un inquiridor que la desea realmente. De cualquier modo, entro en el tema únicamente porque mis respuestas no le han satisfecho, y es vergonzoso para mí, y posiblemente deprimente para él, que lo hagamos volver, por así decir, a la misma tienda que ya una vez dejó de suministrarle la mercancía. Si el problema fuera defender la mercancía original, creo que lo dejaría en paz. Pero no es exactamente así. Creo que puede haber malinterpretado ligeramente lo que yo le ofrecía en venta.

El doctor Joad se interesa por el noveno capítulo de mi libro *El problema del dolor*. La primera advertencia que quiero hacer es que nadie inferirá de su artículo hasta qué punto el capítulo es especulativo, como yo mismo he confesado. Lo reconocí en el prefacio, y lo recalqué reiteradamente en el capítulo mismo. Este hecho no aliviará naturalmente las dificultades del doctor Joad. Las respuestas insatisfactorias no se vuelven satisfactorias por ser provisionales. Menciono el carácter del capítulo para subrayar el hecho de que está en un nivel diferente de los anteriores. La diferencia sugiere el lugar que mi «conjetura» acerca de los animales (así la llamé entonces y la sigo llamando ahora) tenía en mi pensamiento, y que sería el mismo que me gustaría que tuviera el problema entero en el pensamiento del doctor Joad.

Los primeros ocho capítulos de mi libro trataban de hacer frente *prima facie* a la opinión que se opone al teísmo basándose en el dolor humano. Fueron el fruto de un cambio lento de forma de pensar, no muy distinto del que el propio doctor Joad ha experimentado, cambio que, cuando haya concluido, admitirá honorablemente y del que, espero, dará testimonio. Su método de reflexión difiere del mío en muchos aspectos (muy probablemente para mejor). Pero salimos más o menos al mismo sitio. El planteamiento del que afirma en su artículo «hasta ahí lo entiendo, y todo eso lo acepto» es muy semejante al que yo sostuve en los primeros ocho capítulos de mi libro *El problema del dolor.*

Hasta aquí va todo bien. Tras haber «superado» el problema del dolor humano, el doctor Joad y yo nos enfrentamos con el problema del dolor animal. Ni siquiera ahí nos separamos todavía. Los dos (si lo entiendo correctamente) nos apartamos con aversión de los «discursos fáciles que alivian a los hombres crueles»,[8] de teólogos que parecen no ver que existe un problema real, y que se conforman con decir que los animales son, a fin de cuenta, solo animales. Para nosotros, el dolor sin culpabilidad o provecho moral, por baja y despreciable que pueda ser la víctima, es un asunto muy serio.

Ahora pido al doctor Joad que observe con mucho cuidado lo que hago en este punto, pues dudo de que sea exactamente lo que él piensa. Yo no propongo una doctrina de la capacidad de sentir por parte de los animales como algo probado y, en consecuencia, concluido. «Por lo tanto, los animales no son sacrificados sin recompensa, y, en consecuencia, Dios es justo». Si lee con atención el capítulo nueve, verá que se puede dividir en dos partes desiguales: la primera consta de un parágrafo, el primero, y la segunda del resto. Se podrían resumir como sigue:

---

8. G. K. Chesterton, «A Hymn», línea 11. La primera línea comienza con estas palabras: «Oh, Dios de la tierra y el altar».

Primera parte. Los datos que Dios nos ha dado nos permiten entender en cierta medida el dolor humano, pero carecemos de datos parecidos acerca de los animales. No sabemos ni lo que son ni por qué son. Todo lo que podemos decir con seguridad es que, si Dios es bueno (y yo creo que tenemos razones para decir que lo es), la apariencia de que Dios es cruel con el mundo animal tiene que ser una falsa apariencia. Cuál sea la realidad que hay tras esta falsa apariencia es algo que solo podemos conjeturar.

Segunda parte. En ella se encuentran algunas de mis conjeturas. Importa mucho más que el doctor Joad esté de acuerdo con la primera parte, no que apruebe algunas de las especulaciones de la segunda.

En primer lugar me ocuparé, hasta donde pueda, de su crítica a esas especulaciones.

1. Tras admitir (*positionis causa*) mi distinción entre capacidad de sentir y conciencia, el doctor Joad cree que es irrelevante. «Se siente dolor, escribe, aun cuando no haya un *ego* ininterrumpido que lo sienta y lo relacione con los dolores pasados y futuros», y «el hecho de que se sienta dolor, no importa quién o qué lo sienta [...] es lo que exige explicación». En cierto sentido estoy de acuerdo en que no importa (para el actual propósito) «quién o qué» lo siente. Quiero decir que no importa lo humilde, desamparada, pequeña o alejada de nuestras simpatías espontáneas que esté la víctima. Pero sí importa, sin duda, saber hasta qué punto es capaz la víctima

de lo que nosotros reconocemos como sufrimiento, hasta qué punto una realidad genuinamente miserable es conforme con su forma de existencia. Es difícil negar que, cuanto más coherentemente consciente es el sujeto, tanta más piedad e indignación suscita su dolor. Y esto implica, a mi juicio, que, cuanto menos consciente, menos merece ambas cosas. Creo incluso posible que haya un dolor tan instantáneo (debido a la ausencia de la percepción de sucesión) cuyo «disvalor», si puedo acuñar la palabra, no se distinga de cero. Un correspondiente ha mencionado como ejemplo dolores punzantes en nuestra propia experiencia, en aquellas ocasiones en que van acompañados de miedo. Pueden ser intensos, pero han pasado cuando reconocemos su intensidad. Por lo que a mí respecta, no encuentro nada en esos dolores que despierte piedad. Son, más bien, cómicos, y uno tiende a reírse de ellos. Una sucesión de dolores de ese tipo es indudablemente terrible, pero en ese caso el argumento es que la sucesión no podría existir para una capacidad de sentir sin consciencia.

2. No creo que la conducta «como si recordara» demuestre que existe memoria en el sentido de memoria consciente. Un observador no humano podría suponer que, cuando cerramos los ojos al acercarse un objeto, estamos «recordando» dolores sufridos en ocasiones anteriores. Sin embargo, en sentido estricto, ese gesto no entraña recuerdo alguno. (Es cierto, sin duda, que la conducta

del organismo es modificada por las experiencias pasadas, lo cual nos permite decir por metonimia que los nervios recuerdan lo que la mente olvida. Pero no es de esto de lo que el doctor Joad y yo hablamos). Si hay que suponer que existe memoria en todos los casos en los que la conducta se adapta a una repetición probable de acontecimientos pasados, ¿no deberemos admitir que ciertos insectos heredan una memoria de los hábitos de reproducción de sus padres? ¿Estamos dispuestos a creer algo así?

3. Como es natural, mi teoría, meramente insinuada, de la resurrección de los animales «en» su contexto humano (y, por tanto, indirectamente divino) no incluye los animales salvajes ni los tratados con crueldad. Una vez que establecí la proposición, añadí: «Pero ha sido propuesta solo como ilustración sacada de un ejemplo privilegiado —el único normal y no extraviado, desde mi punto de vista— de los principios generales que deben tenerse en cuenta al elaborar una teoría de la resurrección animal».[9] Luego añadí una sugerencia alternativa, observando, así lo espero, los mismos principios. Mi principal propósito en esta fase era simultáneamente liberar la imaginación y confirmar un agnosticismo legítimo acerca del sentido y el destino de los animales. Comencé diciendo que, si nuestra previa afirmación de la bondad divina era sensata, tendríamos que estar seguros *de uno u*

---

9. *El problema del dolor*, p. 140.

otro modo de que «todo estaría bien y toda clase de cosas estaría bien».[10] Quería reforzar esta idea indicando cuán poco conocemos y cuántas posibilidades podemos tener en cuenta.

4. Si el doctor Joad cree que me he imaginado a Satanás «tentando a los monos», tengo que reprocharme a mí mismo haber usado la palabra «alentado». Pido disculpas por la ambigüedad. De hecho, yo no creía que la «tentación» (es decir, la incitación de la voluntad) fuera el único modo que el diablo tiene de corromper o dañar, y no es probable tampoco que sea la única forma que tiene de dañar a los seres humanos. Cuando nuestro Señor habló de la mujer encorvada como alguien «a quien Satanás tuvo atada»,[11] doy por supuesto que no quería decir que hubiera sido tentada a realizar malas acciones. La *corrupción* moral no es la única forma de corrupción. Pero tal vez la palabra corrupción estuviera mal elegida e indujera a ser mal entendida. *Distorsión* hubiera sido más acertada.

5. Mi correspondiente escribe «la opinión de la mayor parte de los biólogos es que, incluso el daño más grave infligido a la mayoría de los animales invertebrados, es casi, si no totalmente, indoloro». Loeb reunió abundantes evidencias para mostrar que los animales sin hemisferios cerebrales eran indiscernibles de las plantas en todos los

---

10. Juliana de Norwich, *Revelaciones del amor divino*, cap. 29.
11. Lc 13:16.

aspectos psicológicos. Viene sin dificultad a la mente el ejemplo de las orugas, que siguen comiendo serenamente aunque sus entrañas son devoradas por las larvas de la mosca *Ichneoumon*. El Protocolo de la Vivisección no se aplica a los invertebrados, lo cual indica el punto de vista de los que lo han redactado.

6. Aunque el doctor Joad no suscita la cuestión, no puedo dejar de añadir alguna nueva sugerencia, las más interesantes, de mi correspondiente acerca del temor animal. Indica que el miedo humano contiene dos elementos:

(a) las sensaciones físicas, debidas a secreciones, etc.;

(b) las imágenes mentales de lo que ocurrirá si uno pierde el dominio de sí mismo, de si la bomba cae aquí, o de si el tren descarrila.

El elemento (a), como tal, está tan lejos de ser un puro pesar que, cuando podemos recibirlo sin (b), o sin creer en él, o teniéndolo dominado, a un gran número de personas le gusta. Así se explican las montañas rusas, los disparos de agua, el automovilismo, el alpinismo...

Pero todo esto no es nada para el lector que no acepta la primera parte del capítulo noveno de mi libro. Nadie en su sano juicio comienza a construir una teodicea fundada en especulaciones acerca de la mente de los animales. Esas especulaciones solo son adecuadas, como allí dije, para abrir la imaginación a nuevas posibilidades, y para confirmar y profundizar en nuestro inevitable agnosticismo acerca de la realidad, y solo después de que los caminos de Dios al hombre han dejado de parecer inexcusables.

Yo no sé la respuesta: mis especulaciones eran conjeturas de lo que eventualmente podría ser. Lo que realmente importa es el argumento de que debe haber una respuesta, el argumento de que si en nuestras vidas, que es donde únicamente conocemos a Dios (si es que lo conocemos), llegamos a distinguir la *pulchritudo tam antiqua et tam nova*,[12] entonces en los ámbitos en los que no podemos conocerlo (*connaitre*), aunque tal vez podamos saber (*savoir*) ciertas cosas de Él, a pesar de las apariencias en contra, Dios no puede ser un poder de oscuridad. En nuestro propio ámbito también había apariencias en contra, pero tanto el doctor Joad como yo las hemos superado.

Sé que hay momentos en que la continuidad ininterrumpida y el extremo desamparo del dolor animal, de lo que parece al menos dolor animal, hace que los argumentos a favor del teísmo suenen huecos, y lo mismo ocurre cuando el mundo de los insectos parece ser el mismo infierno visiblemente en funcionamiento alrededor nuestro. En esos momentos surge la vieja indignación, la vieja piedad. Pero para mostrar lo extrañamente ambivalente

12. La belleza tan antigua y tan nueva. San Agustín, *Confesiones*, X, 27.

que es esta experiencia, no es preciso exponer la ambivalencia con mucho detalle, pues considero que ya lo he hecho en otra parte, y estoy seguro de que el doctor Joad hace mucho que lo ha percibido por sí mismo. Si considero esta piedad y esta indignación exclusivamente como experiencias subjetivas propias, sin otra validez que la fuerza que tienen en el momento de ser percibidas (que cambiará en el momento siguiente), difícilmente puedo utilizarlas como criterio para acusar a la creación. Al contrario, se afirman como argumentos contra Dios en tanto que las considero como iluminaciones trascendentes a las que la creación tiene que conformarse o, de lo contrario, ser condenada. Solo son argumentos contra Dios si son en sí mismas la voz de Dios. Cuanto más *shelleyana*, cuanto más prometeica sea mi rebelión, tanto más reclama sanción divina. ¿Qué importancia tiene para este propósito que dos seres contingentes, Joad o Lewis, nacidos en una época de civilización segura y liberal, de la que han asimilado ciertos sentimientos humanitarios, puedan sentirse ofendidos por el sufrimiento? ¿Cómo es posible que se quiera apoyar un argumento a favor o en contra de Dios en semejante accidente histórico?

No. No es posible en tanto que sintamos esas cosas, sino en tanto que afirmemos que tenemos razón al sentirlas, en tanto que estamos seguros de que estos criterios ejercen imperio *de jure* sobre todos los mundos posibles. En ese caso, y solo en él, se convierten en fundamento de la incredulidad —y, en el mismo momento, para la creencia—. El Dios dentro de nosotros nos gana de nuevo en el momento en que estamos reprobando al Dios de fuera. En un poema de Tennyson, el hombre que se había convencido de que el Dios del credo que había recibido era malo, exclama: «Si hubiera un Dios así, quisiera que el gran Dios lo maldijera y lo desbaratara».[13] ¿Quién maldice si no hay un «gran Dios» detrás de la maldición? Solamente una muñeca del pequeño «Dios» aparente. La misma maldición es envenenada de raíz: es el mismo tipo de acontecimiento que la crueldad que está condenando, parte de la tragedia sin sentido. Solo veo dos salidas al problema: o bien existe un gran Dios, y también «un dios de este mundo»,[14] un príncipe de los poderes del aire, al que el gran Dios maldice, a veces a través de nosotros, o bien las operaciones del gran Dios no son las que a mí me parecen.

13. «Despair», 19, 106.
14. 2 Corintios 4:4.

V

FUNDACIÓN DEL CLUB
SOCRÁTICO DE OXFORD (1943)[1]

COMO UNA SOSEGADA y eficiente enfermera, que llega a una casa turbada por la enfermedad, o como nuevo general que llega al sitio de Ismail, del *Don Juan* de Byron, nuestra presidenta[2] irrumpió (si me disculpa la palabra) el otoño de 1941 en ese tumulto de discusión que, incluso en tiempo de guerra, reunía cinco octavos de la vida nocturna de los estudiantes de Oxford. Etapa tras etapa, que deben haber transcurrido muy rápido (pues no puedo recordarlas), descubrimos que se había formado una nueva sociedad que intentaba el difícil programa de reunirse una vez por semana;[3] que en la actualidad lo

1. Este trabajo es el prefacio de Lewis al primer *Socratic Digest* (Oxford 1942-43). Lewis fue presidente desde la primera reunión hasta que se marchó a Cambridge, en 1955.
2. *Miss* Stella Aldwinckle.
3. La primera reunión fue en el Somerville College, Oxford, el 26 de enero de 1942.

está llevando a cabo; cuyos números aumentaban, y en la que ni el mal tiempo ni los locales atestados (quienes encontraban sitio en el suelo se sentían felices) reduciría el número de reuniones. Era el Club Socrático. Sócrates había exhortado a los hombres a «seguir un argumento hasta donde los llevara», y el club nació para aplicar este principio a un tema particular: los pros y contras de la religión cristiana.

Resulta un hecho notable que, al menos hasta donde yo sé, no se haya formado hasta ahora ninguna sociedad con un propósito así. Ha habido multitud de organizaciones explícitamente cristianas —la S. C. M.,[4] Arca,[5] la O. U. C. U,[6] O. I. C. C. U[7]—, y ha habido otras muchas, científicas o políticas, que, si no de forma explícita, al menos en su actitud eran profundamente anticristianas. La cuestión del cristianismo surgía con bastante frecuencia en conversaciones privadas, y proyectaba su sombra sobre los debates estéticos y filosóficos de muchas sociedades; pero un foro dedicado especialmente al conflicto entre cristianos y no creyentes era una novedad.

Su valor, desde el punto de vista meramente cultural, es muy grande. En una comunidad medianamente

4. Movimiento de Estudiantes Cristianos.
5. Sociedad Cristiana de Oxford.
6. Iglesia Unida de la Universidad de Oxford.
7. Unión Cristiana Intercolegial de Oxford, llamada en la actualidad La Unión Cristiana.

numerosa y fecunda como la Universidad, siempre existe el peligro de que los que piensan del mismo modo se reúnan en *camarillas*, en las que la única oposición que encontrarán tendrá la forma debilitada del rumor que los afiliados murmurarán sobre esto o aquello. Los ausentes son refutados fácilmente, florece el dogmatismo satisfecho, y las diferencias de opinión son envenenadas por hostilidades de grupo. Cada grupo oye, no lo mejor, sino lo peor de lo que puedan decir los demás grupos.

En el Club Socrático todo esto cambió. En él uno podía defender el punto de vista del cristianismo sin la parafernalia del pietismo, y podía atacarlo sin el irrelevante *sansculottisme* de nuestras revistas semanales anti-Dios. Al menos ayudábamos a civilizarnos los unos a los otros. A veces nos aventurábamos a pensar que si nuestro patrón ateniense hubiera podido estar presente —sin ser visto— en nuestras reuniones, no habría encontrado la atmósfera demasiado extraña.

En las abigarradas —y habitualmente sofocantes— reuniones, en las que los muchachos ingleses recién salidos de las escuelas públicas se codeaban con *Gelehrten* europeos mayores de edad en el exilio, aprendimos asimismo que a casi cualquier opinión se le podía dar la vuelta. Todos descubríamos lo poco que sabíamos sobre los demás. Nosotros, el grupo cristiano, descubríamos que el peso del ataque escéptico no venía siempre de donde esperábamos, y los adversarios tenían que corregir lo que a nosotros nos parecía una ignorancia sin fondo de la fe que creían estar rechazando.

Una dificultad (en teoría) de la Constitución británica es el hecho de que el presidente de la Cámara de los Comunes tenga que ser miembro de uno de los partidos. Una dificultad semejante existe en el Club Socrático. Los que lo fundaron no pretendieron ni por un momento ser neutrales. Fueron cristianos los que crearon el foro y lanzaron el reto. Así pues, para el tipo más común (el menos ateniense) de no creyente será posible siempre considerarlo todo como una forma de propaganda astutamente disfrazada —o ni siquiera demasiado astutamente—. El tipo ateniense, si tenía que hacer esta objeción, podía escribir una comunicación y leerla en el propio Club Socrático. Y sería bienvenido el que así lo hiciera —aunque dudo que tuviera ganas si conociera con qué trabajo y afán la junta había explorado *Quién es Quién* para descubrir ateos inteligentes que tuvieran tiempo y entusiasmo para venir y propagar su credo—. Pero cuando se ha dicho y hecho todo, la respuesta a sospechas así está situada en un lugar más profundo. No es aquí donde se manifiesta la honradez del Club Socrático; nunca afirmamos que fuéramos imparciales. Pero es un argumento. Tiene vida por sí mismo. Nadie puede decir dónde irá. Nosotros nos exponíamos, hasta el más débil, a su fuego no menos que ustedes al nuestro. Y algo peor todavía, nos exponíamos al rebufo de nuestros propios disparos, pues, según lo que me enseña la experiencia, ninguna doctrina es más débil, por el momento, para los ojos de la fe que la que se acaba de defender con éxito. El foro es común para ambas partes, y no se puede hacer trampas. Ustedes no arriesgan nada si lo hacen; nosotros, todo.

Otros pueden hacer una objeción diferente a nuestros procedimientos. Pueden declarar enérgicamente que las discusiones intelectuales no van a fortalecer ni destruir el cristianismo. Creen que la religión es algo muy sagrado para pasarla como una pelota de un lado a otro en el debate público; demasiado sagrada para hablar de ella —demasiado sagrada, tal vez, para que se haga con ella cualquier cosa—. Los miembros cristianos del Club Socrático piensan claramente de forma distinta. Saben que el asentimiento intelectual no es fe, pero no creen que la religión sea solamente «lo que el hombre hace con su soledad», y, si es eso, entonces no les gusta la religión, sino el cristianismo. El cristianismo no es meramente lo que el hombre hace con su soledad. No es ni siquiera lo que Dios hace con su soledad. El cristianismo habla de Dios descendiendo a la estridente publicidad de la historia y sancionando en ella aquello de lo cual se puede —y se debe— hablar.

VI

RELIGIÓN SIN DOGMA (1946)[1]

EN SU ARTÍCULO sobre *Los fundamentos del agnosticismo moderno*, el profesor Price sostiene las siguientes opiniones:

1) que la esencia de la religión es la fe en Dios y en la inmortalidad;

2) que en la mayoría de las religiones actuales se observa que su esencia está unida con «accesos de dogma

---

1. Esta conferencia fue leída por primera vez en el Club Socrático de Oxford el 20 de mayo de 1946, como respuesta a otra del profesor H. H. Price titulada «Los fundamentos del agnosticismo moderno», de 20 de octubre de 1944. Las dos se publicaron posteriormente en el *Phoenix Quarterly* (otoño de 1946). Aunque la conferencia de Lewis fue reimpresa después en *The Socratic Digest* (1948), resulta evidente que la versión del *Quarterly* representa la revisión final de Lewis, pues muchos de los errores de la versión que apareció en *The Socratic Digest* se corrigieron antes de ser publicada en el *Quarterly*.
He incorporado al texto que aquí se ofrece todas las adiciones y enmiendas al margen que Lewis hizo en su copia del *Phoenix Quarterly*.

y mitología»,[2] que el progreso de la ciencia ha vuelto increíbles;

3) que, de ser posible, sería deseable conservar la esencia de la religión depurada de accesos;

4) que la ciencia ha hecho que la esencia sea tan difícil de creer como los accesos. La doctrina de la inmortalidad implicaría una visión dualista, según la cual el hombre es una criatura compuesta, un alma en un estado de simbiosis con un organismo físico. Pero, en la medida en que la ciencia puede estudiar monísticamente al hombre con éxito, como organismo simple cuyas propiedades psicológicas surgen de las físicas, el alma se convierte en una hipótesis insostenible.

En conclusión, el profesor Price encuentra que nuestra única esperanza se halla en ciertas evidencias empíricas a favor del alma, evidencias que le parecen satisfactorias. Nuestra única esperanza se halla en los descubrimientos de la Investigación Psíquica.

Me temo que mi discrepancia con el profesor Price comienza en el punto inicial. Yo no defino la esencia de la religión como fe en Dios y en la inmortalidad. El judaísmo, en sus primeras fases, no tenía fe en la inmortalidad, y durante mucho tiempo no tuvo fe alguna que fuera religiosamente relevante. La indefinida existencia

___

2. H. H. Price, «The Grounds of Modern Agnosticism», *Phoenix Quarterly* vol. I, n.º 1 (otoño de 1946), p. 25.

del espíritu en el infierno fue una creencia que Yahvé no tomó en cuenta y que tampoco tuvo en cuenta a Yahvé. En el infierno todas las cosas se olvidan. La religión se centraba en las exigencias rituales y éticas de Yahvé para la vida presente y, como es natural, también en los beneficios que se esperaban de Él. Estos beneficios son a menudo meramente mundanos (nietos y paz en Israel), pero se suprime toda señal más específicamente religiosa. El judío está sediento del Dios vivo,[3] se deleita en sus leyes como en la miel o en el oro afinado;[4] en presencia de Yahvé toma conciencia de sí mismo como ser de labios y corazón inmundos.[5] La gloria y el esplendor del Dios es adorada por sí misma.

En el budismo, por otro lado, vemos que la doctrina de la inmortalidad es central, pero no hay nada específicamente religioso. La verdadera esencia de su mensaje es la salvación por la inmortalidad y la liberación por la reencarnación. No se desaprueba la existencia de dioses, pero no tiene ninguna relevancia religiosa.

En el estoicismo, el carácter religioso y la creencia en la inmortalidad son, de nuevo, variables, pero no varían en proporción directa. Incluso en el cristianismo encontramos una sorprendente manifestación, con influencias del estoicismo, acerca de la posición subordinada de la

3. Salmos 42:2.
4. Salmos 19:10.
5. Isaías 6:5.

inmortalidad. Henry More termina un poema sobre la vida espiritual diciendo que si, después de todo, resultara ser mortal, estaría

> *...satisfecho*
> *un solitario Dios mortal habría muerto.*[6]

Desde mi punto de vista, los ejemplos del judaísmo y el budismo tienen una extraordinaria importancia. El sistema que no tiene sentido sin una doctrina de la inmortalidad considera la inmortalidad como una pesadilla, no como un premio. De todas las religiones antiguas, la más específicamente religiosa, o sea, la más ética y espiritual, apenas tiene interés en esta cuestión. Si se cree, como creo yo, que Yahvé es un ser real, en verdad el *ens realissimum*, nunca se admirará suficientemente el tacto divino en instruir durante centurias a la estirpe elegida en una religión antes de insinuarle siquiera el secreto radiante de la vida eterna. Se comporta como el rico amante de novela que corteja a la doncella por sus méritos, disfrazado de pobre, y solo cuando la ha conquistado le revela que tiene que ofrecerle un trono y un palacio. Yo no puedo por menos de pensar que cualquier religión que comienza por la sed de la inmortalidad está condenada, como religión, desde el principio.

---

6. «Resolution», *The Complete Poems of Dr. Henry More*, ed. Alexander B. Grosart (Edinburgh, 1878), línea 117, p. 176.

Hasta haber alcanzado un determinado nivel espiritual, la promesa de inmortalidad funcionará siempre como un soborno que vicia la religión entera e inflama infinitamente el interés por sí mismo, que la religión debe derribar y arrancar.

La esencia de la religión, a mi juicio, es la sed de un fin más alto que los fines naturales, el deseo que tiene el yo finito de un objeto enteramente bueno y enteramente bueno para él, la conformidad con él, y la negación de sí mismo en favor de él. El que la negación de sí mismo resulte ser también el hallazgo de sí, el que el pan echado a las aguas sea encontrado tras muchos días, el que morir sea vivir: todo eso son paradojas sagradas de las que no se puede hablar al género humano demasiado pronto.

Al discrepar del profesor Price acerca de la esencia de la religión, lógicamente no puedo discutir si la esencia, tal como él la define, coexiste con accesos de dogma y mitología. Pero acepto abiertamente que, tal como yo la defino, la esencia de la religión coexiste con otras cosas, y que a algunas de estas cosas se pueden considerar mitología. Pero mi relación de cosas mitológicas no coincidiría con la suya, y nuestras opiniones sobre la mitología probablemente serán distintas.

Sobre la mitología se han mantenido numerosos puntos de vista. Los mitos han sido considerados como literalmente verdaderos, como alegóricamente verdaderos (por los estoicos), como historia confusa (por Euhemerus),[7] como mentiras clericales (por los filósofos de la Ilustración), como imitativos rituales agrícolas confundidos con proposiciones (en los días de Frazer).[8] Si se parte de una filosofía naturalista, es probable que resulte una opinión parecida a la de Euhemerus o a la de Frazer. Pero yo no soy naturalista. Yo creo que en la enorme cantidad de mitología que ha llegado a nosotros se mezclan un gran número de fuentes distintas: historia verdadera, alegoría, ritual, el gozo humano en contar historias, etc. Pero, entre esas fuentes, yo incluyo lo sobrenatural, tanto lo diabólico como lo divino. Aquí solo hace falta que nos ocupemos de lo último. Si mi religión es errónea, aquellos casos de tema similar que aparecen en las historias paganas son, naturalmente, ejemplos del mismo o parecido error. Pero si mi religión es verdadera, todas esas historias pueden ser muy bien una *preparatio evangelica*, una alusión divina en forma poética y ritual a la misma verdad fundamental, enfocada y, digamos, representada como hecho histórico en la Encarnación. A mí, que me acerqué por primera vez al cristianismo a causa de un interés gozoso y reverencial por la soberbia imaginación pagana, que amó a Balder antes que a Cristo, y a Platón antes que

---

7. Escritor siciliano (c. 315 a. C.) que desarrolló la teoría de que las creencias antiguas acerca de los dioses se originaron a partir de la elaboración de tradiciones de personajes históricos reales.

8. James George Frazer, *The Golden Bough* (Londres, 1922).

a san Agustín, el argumento antropológico contra el cristianismo no me ha impresionado nunca. Al contrario, yo no podría creer en el cristianismo si me viera obligado a decir que, de las mil religiones del mundo, 999 son un puro sinsentido y la número mil (afortunadamente) es la verdadera. Mi conversión se debió, en gran manera, a que reconocí que el cristianismo era el cumplimiento, la actualización, la entelequia de algo que nunca había estado completamente ausente de la mente humana. Y sigo pensando que el argumento gnóstico, que se apoya en las semejanzas entre cristianismo y paganismo, solo funciona si se conoce la respuesta. Si comenzamos afirmando que sabemos por otras fuentes que el cristianismo es falso, las historias paganas no pueden ser más que el clavo en su ataúd, lo mismo que, si comenzamos sabiendo ya que no ha habido cocodrilos, las diferentes historias sobre los dragones pueden ayudarnos a confirmar nuestra incredulidad. Pero si la verdad o falsedad del cristianismo es la auténtica cuestión de que se trata, el argumento que se apoya en la antropología es, sin duda, pura *petitio*.

Hay, naturalmente, muchas cosas del cristianismo que yo acepto como hechos, y que el profesor Price consideraría como mitología. Dicho brevemente: existen los milagros. El argumento que se presenta en contra es que la ciencia ha demostrado que los milagros no pueden ocurrir. Según el profesor Price, «una Deidad que interviniera milagrosamente y suspendiera la ley natural no

podría ser aceptada nunca por la ciencia».⁹ De aquí pasa
a considerar si no es posible creer en el teísmo sin milagros. Siento no haber entendido por qué los milagros no
podrían ser aceptados por alguien que acepte la ciencia.

El profesor Price apoya su opinión en la naturaleza
del método científico. Dice que el método científico se
basa en dos supuestos. El primero es que todos los acontecimientos están sujetos a leyes, y añade: «Para nuestro
propósito no importa que las leyes sean «deterministas»
o «estadísticas».¹⁰ Sin embargo, yo me permito decir que
para la opinión que el científico tiene de lo milagroso,
sí importa. La noción de que la ley natural puede ser
meramente estadística resulta de la moderna creencia
en que la unidad individual de materia *no* obedece ninguna ley. La estadística fue introducida para explicar por
qué, a pesar de la ilegalidad de la unidad individual, el
funcionamiento de los grandes cuerpos era regular. La
explicación fue que, por un principio bien conocido por
los actuarios, la ley de promedios nivelaba las excentri-
cidades individuales de las innumerables unidades con-
tenidas hasta en el más pequeño de los grandes cuerpos.
Pero con esta concepción de unidades sin ley, ha sido
abandonada, a mi parecer, la total inexpugnabilidad del
naturalismo del siglo XIX. De qué sirve decir que todos

9. Price, op. cit., p. 20.
10. Ibid.

los acontecimientos están sujetos a leyes si decimos al mismo tiempo que, en todo suceso que acontece, la unidad individual de materia *no* está sujeta a leyes.

Si definimos la naturaleza como un sistema de acontecimientos en el espacio y el tiempo, y gobernado por leyes entrelazadas, entonces hay que decir que la nueva física admite la existencia de algo distinto de la naturaleza. Si naturaleza significa el sistema entrelazado, entonces el funcionamiento de las unidades individuales queda fuera de la naturaleza. Hemos aceptado lo que se podría llamar lo *subnatural*. Después de admitirlo, ¿qué seguridad queda de que no pueda existir también lo sobrenatural? Podría ser que la dificultad que representa la ilegalidad de los acontecimientos pequeños, fomentada en la naturaleza por lo *subnatural*, fuera allanada por la ley de promedios. De ahí no se sigue que los grandes acontecimientos no pudieran ser fomentados en ella por lo sobrenatural, ni que se les dejara a ellos que allanaran la dificultad.

El segundo supuesto que el profesor Price atribuye al método científico es que «las leyes solo pueden descubrirse por el estudio de regularidades públicamente observables».[11] Pueden ser descubiertas así, naturalmente. A mí esto, más que un supuesto, me parece una proposición

---

11. Ibid.

autoevidente, y ¿de qué sirve para nuestro propósito? Si ocurren milagros, son por definición una interrupción de la regularidad. Descubrir una regularidad no es, por definición, descubrir sus interrupciones, aunque ocurran. No se puede descubrir un accidente de ferrocarril estudiando Bradshaw, sino estando en el lugar cuando ocurre o escuchando de alguien, que estaba allí, lo que ha ocurrido. No se puede descubrir los medios días de fiesta extra estudiando el calendario escolar. Es preciso esperar hasta que se anuncien. Pero esto no significa, ciertamente, que un estudiante de Bradshaw esté obligado a negar la posibilidad de accidentes de ferrocarril. Este rasgo del método científico muestra exclusivamente (algo que, hasta donde yo sé, nadie ha negado jamás) que, si los milagros *ocurrieran*, la ciencia como tal ni demostraría ni refutaría que ocurren. Aquello de lo que no hay confianza que pueda repetirse no es materia de la ciencia. Por eso la historia no es una ciencia. No podemos averiguar lo que ocurrió en la batalla de Austerlitz pidiendo a Napoleón que venga y luche de nuevo en el laboratorio con los mismos combatientes, en el mismo terreno, con el mismo tiempo y en la misma época. Para esos temas tenemos que ir a los documentos. No hemos demostrado efectivamente que la ciencia excluya los milagros. Solo hemos demostrado que el problema de los milagros, como otros muchos, excluye un tratamiento de laboratorio.

[12][El profesor Price pensará que, traspasando los milagros de la ciencia a la historia (no a los historiadores, que, al partir de unos supuestos materialistas, dan por sentado lo que tienen que probar), no me irá mucho mejor. En este terreno debo hablar con cautela, pues no pretendo ser un historiador o un crítico de textos. Les remito sobre el particular al libro de *sir* Arnold Lunn *The Third Day*.[13] Si *sir* Arnold tiene razón, la crítica bíblica, que comenzó en el siglo XIX, ya ha disparado su flecha, y la mayoría de sus conclusiones han sido impugnadas con éxito, aunque durante mucho tiempo continuará, como el materialismo decimonónico, dominando el pensamiento popular. Lo que yo puedo decir con más certeza es que este *tipo* de crítica —el tipo de crítica que descubre que todos los libros antiguos han sido escritos por seis autores anónimos, bien provistos de tijeras y engrudo, y que toda anécdota de escaso interés es antihistórica— ha comenzado a desaparecer de los estudios que mejor conozco. El periodo de arbitrario escepticismo acerca del canon y el texto de Shakespeare ha terminado, y es razonable esperar que este método se usará pronto tan solo en los documentos cristianos y sobrevivirá exclusivamente en la *Thinkers Library* y en los colegios teológicos].

---

12. Para evitar que el lector se perdiera algún detalle, he incluido entre corchetes los fragmentos de la versión aparecida en el *Socratic*, que Lewis omitió al revisarla para el *Phoenix Quarterly*.
13. Londres, 1945.

Me veo obligado, pues, a discrepar del segundo punto del profesor Price. Yo no creo que la ciencia haya mostrado (ni que, dada su naturaleza, pueda mostrar jamás) que el elemento milagroso de la religión sea erróneo. No hablo, como es lógico, de los efectos psicológicos de la ciencia sobre los que la practican o leen sus resultados. Bien pudiera ocurrir que la aplicación continuada de métodos científicos creara una disposición de ánimo desfavorable a lo milagroso, pero aun así parece que existen diferencias entre las ciencias. Si pensamos, no particularmente en lo milagroso, sino en la religión en general, se da efectivamente esa diferencia. Los matemáticos, astrónomos y físicos son a menudo religiosos, e incluso místicos. Los biólogos, mucho menos frecuentemente, y los economistas y psicólogos, rara vez. Parece como si, cuanto más se acerca el tema de la ciencia al hombre mismo, más se fortaleciera el prejuicio antirreligioso.

Esto me lleva al cuarto punto del profesor Price —pues preferiría posponer las consideraciones del tercero—. El cuarto punto, recuérdese, era que la ciencia había socavado, no solo lo que el profesor Price considera como accesos mitológicos de la religión, sino lo que él considera su esencia. Para el profesor Price la esencia de la religión es el teísmo y la inmortalidad. En la medida en que puede dar una explicación favorable del hombre como entidad puramente biológica, la ciencia excluye el alma y, por tanto, la inmortalidad. Esa es, sin duda, la razón por la que los científicos que se ocupan más, o más estrechamente, del hombre son en su mayoría antirreligiosos.

Si el naturalismo es cierto, entonces es en este punto, en el estudio del hombre mismo, en el que consigue la victoria final y en el que echa abajo todas nuestras esperanzas, no solo nuestras esperanzas de inmortalidad, sino la esperanza de encontrar sentido a la vida aquí y ahora. Pero, si el naturalismo se equivoca, será también aquí donde revelará su funesto defecto filosófico, y yo creo que esto es lo que ocurre.

Según el punto de vista estrictamente naturalista, todos los acontecimientos están determinados por leyes. Nuestra conducta lógica (o, con otras palabras, nuestros pensamientos) así como nuestra conducta ética, incluyendo los ideales y los actos de la voluntad, están gobernados por leyes bioquímicas, que a su vez están gobernadas por leyes físicas, que son declaraciones de actuario acerca de los movimientos anárquicos de la materia. Estas unidades no han pretendido nunca producir el universo regular que nosotros vemos. La ley del promedio (sucesora del *exiguum clinamen*[14] de Lucrecio) lo ha producido a partir de la colisión de estas variaciones fortuitas en movimiento. El universo físico no se ha propuesto jamás producir los organismos. Las sustancias químicas relevantes en la tierra y el calor del

---

14. Pequeña inclinación. *De Rerum Natura*, II, 292.

sol, yuxtapuestos de un cierto modo, dieron lugar a esta inquietante enfermedad de la materia: la organización. La selección natural, operando sobre las diferencias pequeñísimas entre un organismo y otro, cometió un error y produjo esa fosforescencia o espejismo que llamamos consciencia, y que en ciertas cortezas cerebrales situadas debajo de determinados cráneos adopta en ciertos momentos —sin dejar de obedecer a las leyes físicas, pero a leyes físicas infiltradas de leyes de un tipo más complicado— la forma que llamamos pensamiento. Ese es, por ejemplo, el origen de este artículo. Ese fue el origen del artículo del profesor Price. Lo que podríamos llamar sus «pensamientos» era meramente el último eslabón de una cadena cuyos anteriores eslabones eran todos irracionales. El profesor Price hablaba como lo hacía porque la materia de su cerebro se comportaba de una forma determinada, y la historia entera del universo hasta este momento lo ha obligado a comportarse de ese modo. Lo que llamábamos su pensamiento era esencialmente un fenómeno del mismo tipo, como el resto de sus secreciones: la forma que el inmenso proceso irracional de la naturaleza estaba obligado a adoptar en un punto particular del espacio y el tiempo.

Ni él ni nosotros sentíamos que fuera así mientras pasaba. Él creía estar estudiando la naturaleza de las cosas, y creía tener conciencia de algún modo de las realidades, incluidas las realidades suprasensibles, fuera de su cabeza.

Pero si el naturalismo estricto es verdadero, estaba enga-
ñado: tan solo estaba disfrutando de la reflexión consciente de acontecimientos determinados irracionalmente
en su cabeza. Creía que sus pensamientos (como los llamaba) podrían tener con las realidades exteriores una relación completamente inmaterial que llamamos verdad o
falsedad, aunque, de hecho, no siendo sino la sombra de
sucesos cerebrales, no es fácil entender que puedan tener
una relación con el mundo exterior que no sea la relación
causal. Y cuando el profesor Price defendía a los científicos, refiriéndose a su devoción por la verdad y a su cons-
tante seguir la pista de la luz mejor que conocen, creía
estar adoptando una actitud de obediencia a un ideal.
No se daba cuenta de que estaba sufriendo tan solo una
reacción determinada por principios en última instancia
irracionales y amorales, y sin más capacidad de honradez
o injusticia que un hipo o un estornudo.

Al profesor Price le hubiera sido imposible haber escrito, y a nosotros haberlo leído, su artículo con un mínimo de interés si él y nosotros hubiéramos aceptado conscientemente en todo la posición del estricto naturalismo.
Y aún podemos ir más lejos. Sería imposible aceptar el
mismo naturalismo si creyéramos real y firmemente en
él, pues el naturalismo es un sistema de pensamiento, y
para él todos los pensamientos son meros acontecimientos, cuyas causas son irracionales. A mí me resulta del
todo imposible considerar los pensamientos que urde el

naturalismo de ese modo y, al mismo tiempo, considerarlos como intelección genuina de la realidad externa. Bradley distinguió entre *idea-acontecimiento* e *idea-elaboración*[15] pero el naturalismo, en mi opinión, parece obligado a considerar las ideas simplemente como acontecimientos, pues el significado es una relación de un tipo enteramente nuevo, tan remoto, tan misterioso, tan opaco al estudio empírico como el alma.

Quizá se pueda presentar todo esto de un modo más sencillo. Cualquier pensamiento particular (tanto si es un juicio de hechos como un juicio de valor) es desestimado siempre y por todos los hombres en el momento en que creen que se puede explicar, sin residuos, como el resultado de causas irracionales. Siempre que sabemos que lo que dice otro hombre se debe enteramente a sus complejos, o a un trozo de hueso que presiona sobre su cerebro, dejamos de concederle importancia. Pero si el naturalismo fuera cierto, todos los pensamientos serían resultado de causas irracionales, y, en consecuencia, todos los pensamientos serían igualmente despreciables. Por lo tanto, el naturalismo carece de valor. Si es verdad, no podemos conocer ninguna verdad. El naturalismo se corta su propio cuello. [Recuerdo una ocasión en que mostraba un cierto tipo de nudo, un nudo tal que, si se

---

15. «Spoken and Written English», T*he Collected Papers of Henry Bradley*, ed. Roben Bridges, Oxford, 1928, pp. 168-193.

añadía una complicación para hacerlo doblemente seguro, uno descubría súbitamente que el nudo entero se desataba en las manos, y uno se quedaba exclusivamente con un trozo de cuerda. Así le pasa al naturalismo. No deja de reclamar territorio tras territorio: primero el inorgánico, luego los organismos inferiores, luego el cuerpo del hombre, luego sus emociones. Pero cuando da el último paso y se intenta una explicación naturalista del pensamiento mismo, el naturalismo entero se desenmascara súbitamente. El último paso, un paso funesto, ha invalidado todos los precedentes, pues todos eran razonamientos, y la razón ha quedado desacreditada.

No nos queda sino renunciar completamente al pensar o comenzar de nuevo desde abajo].

En este punto no hay razón para recurrir ni al cristianismo ni al espiritualismo. No los necesitamos para refutar el naturalismo. Se refuta solo. Sea cual sea la creencia que lleguemos a tener acerca del universo, no podemos creer en el naturalismo. La validez del pensamiento racional, aceptado en un sentido totalmente no naturalista, sino sobrenatural (trascendental si se quiere), es un supuesto necesario de todo teorizar. Carece sencillamente de sentido comenzar con una opinión sobre el universo e intentar, en una fase posterior, adaptar las exigencias del pensamiento. Al pensar, afirmamos que nuestros pensamientos son más que meros acontecimientos naturales. Las demás proposiciones deben ser encajadas del mejor modo posible en esta afirmación fundamental.

Aunque mantengo que la ciencia no ha refutado el elemento milagroso de la religión, y que el naturalismo, considerado rigurosamente, es más incapaz todavía de refutar nada, salvo a sí mismo, no comparto, desde luego, la angustia del profesor Price por encontrar una religión que pueda prescindir de lo que él llama mitología. Lo que sugiere es simple teísmo, un teísmo al que una creencia en la inmortalidad garantizada por la investigación psíquica haga verosímil. El profesor Price no sostiene, desde luego, que la inmortalidad demuestre por sí misma el teísmo, cuya fuente positiva encuentra en la experiencia religiosa.

En este punto es muy importante determinar sobre cuál de estas dos cuestiones estamos preguntando. Podemos preguntar (1) si la religión mínima depurada que sugiere el profesor Price es capaz, en tanto que entidad histórica, social y psicológica, de dar un corazón nuevo a la sociedad, de fortalecer la voluntad moral y de producir todos los demás beneficios que, según se afirma, han producido a veces las viejas religiones. Por otro lado, podemos preguntar (2) si la religión mínima es la verdadera, es decir, si contiene las proposiciones verdaderas que podemos enunciar acerca de las cuestiones últimas. La primera cuestión no es religiosa, sino sociológica. A la mentalidad religiosa como tal, lo mismo que a la vieja mentalidad científica como tal, le importan un bledo las proposiciones socialmente útiles. Ambas están sedientas de realidad, de lo absolutamente objetivo, del ser de lo que es. La «mentalidad abierta» del científico y la mente vacía y en silencio del místico son esfuerzos por eliminar lo propio para que lo otro pueda hablar. Y si, apartándonos de la actitud religiosa, hablamos por un momento como meros sociólogos, tenemos que admitir que la historia no nos alienta a esperar un poder vigoroso en una religión mínima. Los intentos de religión mínima no son nuevos, desde Akhenatón[16] y Juliano el Apóstata[17] hasta *lord* Herbert de Cherbury[18] y el reciente de H. G. Wells. Pero, ¿dónde están los santos, el consuelo, el éxtasis? El mayor intento de este tipo fue la simplificación de las tradiciones judía y cristiana que llamamos islamismo, el cual conserva muchos elementos que el profesor Price consideraría

---

16. Akhenatón (Amehotep IV), rey de Egipto, que llegó al trono en torno al 1375 a. C., e introdujo una nueva religión, en la que el dios Ra (designado como Atón) sustituyó a Amón.

17. Emperador romano del 361 al 363, que fue criado obligatoriamente como cristiano, pero al llegar al trono se proclamó pagano. Hizo un gran esfuerzo por restaurar la adoración a los antiguos dioses.

18. Edward Herbert (1583-1648). Es conocido como «el padre del deísmo», pues mantenía que entre las nociones comunes aprehendidas por el instinto, se encontraban la existencia de Dios, el deber de adoración y de arrepentimiento, y la recompensa y el castigo futuros. Esta «religión natural», afirmaba, ha sido viciada por la superstición y el dogma.

míticos y bárbaros, y no estimaría su cultura de ninguna manera como una de las más ricas y progresivas.

Tampoco veo cómo una religión así, si llegara a ser una fuerza vital, podría ser preservada largo tiempo en su libertad de los dogmas. ¿Habría que concebir a su Dios de forma panteísta, o al modo platónico, o al cristiano? Si hemos de conservar la religión mínima en toda su pureza, creo que la respuesta correcta debería ser esta: «No sabemos, y debemos estar satisfechos de no saber». Pero esto es el fin de la religión mínima como asunto práctico, pues la cuestión es de urgente importancia práctica. Si el Dios de la religión del profesor Price es una espiritualidad impersonal diluida por todo el universo, que está presente por igual y del mismo modo en todos los puntos del espacio y el tiempo, entonces Él (o Ello) tendrá que ser concebido ciertamente como lo que está más allá del bien y del mal, y se manifestará por igual en el burdel, en la cámara de tortura, en una fábrica modelo o en la sala de descanso de la Universidad.

Pero si, en cambio, es un ser personal que se distingue de su creación, que manda esto y prohíbe aquello, las consecuencias son enteramente distintas. La elección entre estos dos puntos de vista afecta a la elección del curso que ha de seguir la acción, en la vida pública y en la privada, en cada momento. Tampoco es esta la única cuestión que se plantea. ¿Sabe la religión mínima si su dios mantiene la misma relación con todos los hombres, o si se relaciona con algunos y no se relaciona con otros? Si es fiel a su carácter no dogmático, deberá decir de nuevo: «eso no se pregunta». Pero si esta es la respuesta, la religión mínima no puede excluir el punto de vista cristiano de que Él estaba presente de un modo especial en Jesús, ni el punto de vista nazi de que Él estaba presente de un modo especial en la raza alemana, ni el punto de vista hindú de que Él estaba presente en el brahmán, ni el punto de vista de África central de que Él está especialmente presente en el fémur de un soldado inglés muerto.

Todas estas dificultades se nos ocultan mientras la religión mínima existe solo en el papel. Pero supongamos que estuviera establecida de algún modo por todo lo que queda del imperio británico, y supongamos que el profesor Price (muy a regañadientes y exclusivamente por sentido del deber) se convirtiera en su cabeza suprema en la tierra. Pronostico que ocurriría una de estas dos cosas: (1) En el primer mes de su reinado se verá a sí mismo pronunciando la primera definición dogmática; se verá a sí mismo diciendo, por ejemplo: «No, Dios no es una fuerza amoral difuminada por todo el universo, para el que inmolarse en la pira y la prostitución del templo no sean ni más ni menos aceptables que construir hospitales y enseñar a los niños; Dios es un creador justo, separado de su creación, que exige de nosotros justicia y gracia»; o (2) el profesor Price no responderá. En el segundo caso no queda claro lo que ocurrirá. Los que han llegado a su religión mínima desde el cristianismo concebirán a Dios al modo judío, platónico, cristiano. Los que han llegado desde el hinduismo lo concebirán de forma panteísta; y los hombres sencillos que han llegado desde ningún sitio, en los momentos de indignación, lo concebirán como un Creador justo, y, en los momentos de indulgencia consigo, como un Dios panteísta. Y los exmarxistas pensarán que está presente sobre todo en el proletariado, y los exnazis pensarán que está presente de un modo especial en el pueblo alemán. Y todos ellos darán numerosas conferencias en las que hablarán la misma lengua y llegarán a los más edificantes acuerdos. Pero todos ellos querrán decir cosas enteramente distintas. De hecho, sobre la religión mínima, mientras siga siendo mínima, no se puede influir. Tan pronto como se hace algo, se asume uno de los dogmas. En la práctica no será una religión en absoluto. Será meramente un colorido nuevo que se da a las cosas que ya hacía la gente.

[Me permito decir, con gran respeto, al profesor Price que, cuando hablaba de mero teísmo, asumía de forma inconsciente una concepción particular de Dios, es decir, asumía un dogma sobre Dios, y no creo que lo dedujera exclusiva, o principalmente, de su propia experiencia religiosa, ni siquiera del estudio de la experiencia religiosa en general, pues la experiencia religiosa se puede tener para admitir casi cualquier clase de Dios. Creo que el profesor

Price suponía un cierto tipo de Dios, porque ha sido educado de una manera determinada: porque llevaba «en la sangre», como solemos decir, al obispo Butler y a Hooker y a Tomás de Aquino y a Aristóteles y a Platón. No empezaba de la nada. Si hubiera empezado de la nada, si Dios hubiera significado en su mente un ser sobre el que no se afirma ningún dogma, dudo que hubiera buscado ni siquiera la salvación social en un concepto vacío como ese. Toda la fuerza de la religión mínima, para él y para todos los demás que la aceptan, no deriva de ella, sino de la tradición que introduce en ella].

A mi juicio, la religión mínima nos dejará a todos haciendo lo que hacíamos antes. Pero en sí misma no será una objeción al punto de vista del profesor Price, pues él no trabajaba por la unidad, sino por cierto dinamismo espiritual que nos ayudará en la negra noche de la civilización. Si la investigación psíquica puede capacitar a la gente para continuar, o para volver, a las diferentes religiones que el naturalismo ha amenazado, y si de ese modo pueden conseguir poder y esperanza y disciplina, creo que el doctor Price nos dejará —como hombres occidentales, mecanizados, democráticos y secularizados— exactamente donde estábamos. ¿Cómo podrá una creencia en la inmortalidad —garantizada por la investigación psíquica— y en un Dios desconocido devolvernos la virtud y energía de nuestros antepasados? Me parece que ambas creencias, a menos que sean reforzadas por otra cosa, serán para el hombre moderno muy vagas e inoperantes.

Si verdaderamente supiéramos que Dios es justo, que tiene designios para nosotros, que es el caudillo de una batalla cósmica, y que cierto resultado real depende de nuestra conducta en el campo de batalla, entonces la religión mínima sería pertinente. O si las palabras que aparentan venir del otro mundo tuvieran alguna vez el acento que *indica* otro mundo, o si hablara (como hacen incluso las actuales religiones inferiores) con esa voz ante la que nuestra naturaleza mortal tiembla de temor y júbilo, entonces también sería pertinente. Pero el dios del teísmo mínimo es incapaz de despertar ni temor ni amor: solo las fuentes tradicionales, a las que la ciencia —según la concepción del profesor Price— nunca nos permitirá volver, pueden darle poder para provocar esos dos sentimientos.

En cuanto a las afirmaciones de los médiums..., no quiero ser agresivo. ¿Se atreverá el más convencido espiritualista a afirmar jamás que una sentencia que proceda de esta fuente tiene un lugar entre las máximas felices de la humanidad, o que se ha aproximado jamás (y mucho menos igualado) en poder para elevar, fortalecer o corregir las máximas de segundo rango? ¿Podrá negar alguien que la gran mayoría de los mensajes espiritistas se ocultan miserablemente bajo lo mejor que se ha pensado y dicho incluso en este mundo? ¿Podrá negar alguien que en la mayoría encontramos una banalidad y provincialismo, una paradójica unión de aspectos remilgados con aspectos entusiastas, de insipidez y efusión, que sugieren que las almas moderadamente respetables están bajo la custodia de Anni Besant[19] y Martin Tupper?[20]

No deduzco de la vulgaridad de estos mensajes que sea falsa su afirmación de que proceden de los muertos. Si lo hiciera, el espiritualista respondería que esta cualidad se debe a las imperfecciones del médium. Será así. No discutimos la verdad del espiritualismo, sino su poder para convertirse en el punto de partida de la religión. Me permito decir que, para ese propósito, lo descalifica la pobreza de sus contenidos. Una religión mínima compuesta de mensajes espiritistas y mero teísmo no tiene poder para tocar ninguna de las cuerdas profundas de nuestra naturaleza, o para evocar una respuesta capaz de elevarnos siquiera a un nivel secular más elevado (y no digamos nada de la vida espiritual). El dios del que no se cree ningún dogma es pura sombra. No despertará temor de Dios, con el que comienza la sabiduría, ni el amor en que se consuma. La inmortalidad que los mensajes sugieren puede producir en los espíritus mediocres solo un vago alivio de nuestros indiscutibles anhelos personales, un corolario de

---

19. Anni Besant (1847-1933) fue una fogosa defensora de la causa liberal, y llegó a ser miembro de la Sociedad Teosófica en 1889.
20. Martin Tupper (1810-1889) es conocido sobre todo por su *Proverbial Philosophy* (reflexiones y máximas vulgares formuladas de forma rítmica).

la historia de este mundo en el que todo salga bien (¡pero en qué sentido tan digno de compasión!), mientras que los espíritus más religiosos sentirán que añade un nuevo horror a la muerte, el horror de la mera sucesión interminable, del encarcelamiento indefinido en algo que nos ata a todos, *das Gemeine*.[21] En la religión mínima no hay nada que nos pueda convencer, convertir o consolar (en el sentido más alto); nada, por tanto, que pueda devolver vitalidad a nuestra civilización. No es suficientemente valiosa. Nunca podrá ser un controlador de nuestra pereza y codicia naturales, y ni siquiera podrá ser un competidor suyo. Una bandera, una canción, una vieja corbata escolar son más fuertes que ella, y las religiones paganas, mucho más. Antes que basar mis esperanzas en ella, preferiría escuchar de nuevo el toque de tambor de mi sangre (pues la sangre, al menos en cierto sentido, es la vida) y participar en el canto de las Ménades.

> *Felices aquellos a quienes los demonios*
> *han favorecido,*
> *que han participado en las divinas orgías,*
> *que hacen adorables los días de su vida,*
> *hasta que la danza late*
> *en los pálpitos de sus corazones,*

---

21. Johann Wolfgang Goethe, *Epilog zu Schillers Glocke*, 1. 32. «Das Gemeine» significa aproximadamente "lo que domina a todos"».

mientras retozan con Dionisos en las montañas...[22]

Sí, casi preferiría ser un pagano amamantado en un credo anticuado. Pero solo casi, no del todo, naturalmente. Si alguien se ve obligado a esa alternativa, tal vez sea mejor morir de frío en un universo completamente secularizado y sin sentido que hacer volver las obscenidades y crueldades del paganismo, que atraen porque son una distorsión de la verdad y, por tanto, conservan algo de su sabor.

Pero con esta observación he pasado a la segunda cuestión. No esperen que, al final de este artículo, comience a hacer una apología de la verdad del cristianismo. Diré solo algo que, de una u otra forma, he dicho ya tal vez demasiado a menudo. Si no existe Dios, no tengo interés en la religión mínima ni en ninguna otra. No diré una mentira ni siquiera para salvar la civilización. Pero si Dios existe, es muy probable, casi axiomático, que la iniciativa le corresponda completamente a Él. Si puede ser conocido, será porque Él mismo se revele, no por especulaciones nuestras. Por tanto, nosotros lo buscamos donde se dice que Él se ha revelado, a través de los milagros, de maestros inspirados, de los rituales prescritos.

Las tradiciones están en pugna, pero cuanto más largamente y con mayor agrado las estudiamos, tanto mejor nos percatamos de un elemento común en muchas

---

22. Eurípides, *Bacantes*, línea 74.

de ellas: el tema del sacrificio, de la comunión mística mediante la sangre derramada, de la muerte y la reencarnación, de la redención, es demasiado claro para que pase inadvertido. Estamos plenamente autorizados a ejercer la crítica moral e intelectual. Pero a lo que, a mi juicio, no estamos autorizados es a ejercerla solo para abstraer el elemento ético y erigirlo en una religión independiente. En la tradición que es más íntegramente ética y que, a la vez, más trasciende la mera ética —en la que los viejos temas del sacrificio y la reencarnación se repiten de una forma que trasciende, aunque no repugna, la conciencia y la razón—, podemos creer de forma totalmente razonable que conseguimos la consumación de todas las religiones, el mensaje más pleno del ser enteramente otro, del Creador vivo, que, de existir, debe ser no solo el Dios de los filósofos, sino también de los místicos y los salvajes; y no solo el Dios de la cabeza y el corazón, sino también de las emociones primitivas y de las alturas espirituales allende toda emoción.

Podemos vincularnos a la Iglesia, a la única organización concreta que ha mantenido hasta el momento presente el núcleo de todos los mensajes, paganos y tal vez prepaganos, que vino una vez de más allá del mundo. Y podemos asimismo comenzar a practicar la única religión que no descansa en una selección de los elementos supuestamente «más altos» de nuestra naturaleza, sino sobre la ruina y reedificación, la muerte y renacimiento, de la naturaleza en todo lugar: ni griego, ni judío, ni bárbaro, sino una nueva creación.

[El debate entre Lewis y el profesor Price no terminó aquí. En The Socratic Digest, *n.° 4 [1948], pp. 94-102, se halla la respuesta, «¿Religión sin dogma?», del profesor Price a Lewis. Después, en la reunión del Club Socrático del 2 de febrero de 1848, la profesora G. E. M. Anscombe leyó una comunicación titulada «Respuesta al argumento de C. S. Lewis acerca de que "el naturalismo se refuta a sí mismo"», publicada más tarde en el mismo número del* Digest *(pp.7-15) en que apareció la «Respuesta» del profesor Price. La profesora Anscombe criticó el argumento, que Lewis expone en las páginas 92-95 de la presente obra, así como el capítulo III, «La dificultad cardinal del naturalismo», del libro de Lewis* Los milagros *[Londres, 1947].*

Los dos pequeños fragmentos que siguen son (A) el informe, contenido en el libro de actas del Club Socrático, de la respuesta de Lewis a la profesora Anscombe, y (B) una respuesta escrita por el propio Lewis, publicada, como el informe, en el mismo número del Digest *mencionado más arriba (pp.15-16).*

Consciente de que el tercer capítulo de su libro Los milagros *era ambiguo, Lewis lo revisó para la edición de Fontana (1960), en la que el capítulo tercero tiene otro título «La dificultad fundamental del naturalismo»].*

A

En su respuesta, el señor C. S. Lewis está de acuerdo en que las palabras «causa» y «fundamento» están muy lejos de ser sinónimas, pero dijo que la aceptación de un fundamento podría ser la causa del asentimiento, y que el asentimiento solo es racional cuando está causado por un fundamento. Negó que palabras como «aceptación» y «percepción» se pudieran usar correctamente para nombrar un acto mental una de cuyas causas no fuera la cosa percibida o reconocida.

La profesora Anscombe dijo que el señor Lewis la había entendido mal, y así la primera parte de la discusión se centró en los dos conferenciantes, que intentaron clarificar sus posiciones y sus diferencias. La profesora Anscombe dijo que el señor Lewis seguía sin distinguir entre «habiendo razones» y «habiendo razonado» en el sentido causal.

El señor Lewis entendía que la profesora Anscombe estaba haciendo la siguiente tetracotomía: (1) razones lógicas; (2) tener razones (es decir, psicológicas); (3) causas históricas; (4) causas científicas o regularidades observadas. El punto principal de su respuesta fue que la afirmación de que una regularidad observada era solo el síntoma de una causa, no la causa misma, y, en respuesta a una interrupción del secretario, se refirió a su noción de causa como «mágica». Siguió una discusión abierta, en la que algunos miembros intentaron mostrar a la profesora Anscombe que había una conexión entre fundamento y causa, y otros arguyeron contra el presidente [Lewis] que la prueba de la validez de la razón no podría ser nunca, en ningún caso, algo parecido al estado de la corriente sanguínea.

El presidente admitió finalmente que la palabra «válido» era desafortunada. De la discusión general pareció desprenderse que el señor Lewis debería cambiar su argumento por un argumento analítico riguroso si quería que su noción de «validez», entendida como el efecto de unas causas, afrontara la prueba de todas las cuestiones que se le plantearon.

B

Reconozco que *válido* era una palabra desafortunada para lo que yo quería decir. Verídico (o *verífico* o *verífero*) habría sido mejor. Reconozco asimismo que la relación de causa y efecto entre acontecimientos, y las relaciones de fundamento y consecuencia entre proposiciones son distintas. Como el inglés utiliza la palabra *porque* para ambas, permítanme usar aquí *porque C-E* para la relación de causa-efecto («Esta muñeca cae siempre de pie *porque C-E* sus pies están cargados de peso»), y *porque F-C* para la relación fundamento-consecuencia (A es igual a C *porque F-C* los dos son iguales a B»).

Pero cuanto más clara se vuelve esta distinción, tanto más aumenta mi dificultad. Si un argumento ha de ser *verífico*, la conclusión tiene que estar relacionada con las premisas como la consecuencia con el fundamento, es decir, la conclusión se extrae *porque F-C* ciertas proposiciones concretas son verdaderas.

Por otro lado, pensar que la conclusión es un acontecimiento y tiene que estar relacionado con los acontecimientos anteriores como el efecto con la causa, es decir, el acto de pensar tiene que suceder *porque C-E* han tenido lugar otros acontecimientos previos. Parece, pues, que no pensamos nunca la conclusión *porque F-C* sea la consecuencia de su fundamento, sino *porque C-E* han ocurrido determinados acontecimientos previos. Si es así, no veo que la secuencia F-C haga que sea más fácil pensar la conclusión verdadera que no pensarla. Y a esto es a lo que me refiero cuando hablo de dificultad del naturalismo.

VII

¿ES IMPORTANTE EL TEÍSMO? (1952)[1]

HE PERDIDO LAS notas de lo que dije originalmente en respuesta a la conferencia del profesor Price, y ahora no puedo recordar lo que fue, salvo que acogía con satisfacción su simpatía por el politeísmo. Cuando personas serias expresan su temor de que Inglaterra se está hundiendo en el paganismo, siento la tentación de responder «¡Ojalá se hundiera!», pues no creo probable en absoluto que veamos nunca que el Parlamento comience con el sacrificio de un toro enguirnaldado de blanco en la Cámara de los Lores, o que el Gabinete de Ministros comience su reunión encomendando *sandwiches* en Hyde Park como

1. El artículo es la respuesta a una comunicación del profesor H. H. Price, leída en el Club Socrático de Oxford. La comunicación del profesor Price fue publicada con el mismo título en el *Socratic Digest* n.° 5 (1952), pp. 39-47, y la respuesta de Lewis, que se publica aquí, apareció por primera vez en esa misma publicación.

ofrenda a las ninfas del bosque. Si ocurrieran esas cosas, el apologeta cristiano tendría algo en lo que trabajar, pues el pagano, como muestra la historia, es un hombre eminentemente susceptible de convertirse al cristianismo. Es esencialmente el hombre religioso precristiano o subcristiano. El hombre poscristiano de nuestros días se distingue de él como una divorciada de una virgen. El cristiano y el pagano tienen entre sí mucho más en común que cualquiera de ellos con los escritores del *New Statesman*, los cuales, estoy seguro, estarían de acuerdo conmigo. Por lo demás, lo que ahora se me ocurre, tras haber leído de nuevo la conferencia del profesor Price, es lo que sigue.

1.   Creo que tenemos que introducir en la discusión una distinción entre dos sentidos de la palabra «fe». Puede significar (a) asentimiento intelectual consolidado. En este sentido la fe (o la «creencia») en Dios difiere muy poco de la fe en la uniformidad de la naturaleza o en la conciencia de los demás. A esto es a lo que, a mi juicio, se ha llamado a veces fe «nocional», «intelectual» o «carnal».

Fe puede significar también (b) confianza, o seguridad, en el Dios a cuya existencia asentimos de ese modo, y entraña una actitud de la voluntad. Se parece mucho a la confianza en un amigo. En general se aceptará que la fe en el sentido A no es un estado religioso. Los demonios, que «creen y tiemblan»,[2] tienen fe del tipo A. Un hombre

2. Santiago 2:19.

que blasfeme o ignore a Dios puede tener fe del tipo A. Los argumentos filosóficos para demostrar la existencia de Dios pretenden presumiblemente producir una fe del tipo A; los que los elaboran desean hacer que aparezca una fe del tipo A, porque es una condición previa necesaria de la fe del tipo B. En este sentido, su intención última es religiosa, pero su objetivo inmediato, la conclusión que tratan de demostrar, no lo es. Así pues, no creo que puedan ser acusados justamente de alcanzar una conclusión religiosa a partir de premisas no religiosas. Estoy de acuerdo con el profesor Price en que esto no se puede hacer, pero niego que los filósofos religiosos lo estén intentando.

Pienso asimismo que, en ciertas épocas, lo que afirma ser prueba del teísmo ha sido mucho más eficaz en producir fe del tipo A que lo que el profesor Price sugiere. Casi todas las personas que conozco, que han abrazado el cristianismo siendo adultas, han sido influidas por lo que consideraban que eran argumentos, al menos probables, en favor del teísmo. He conocido a personas a las que convenció el argumento ontológico cartesiano,[3] es decir, que recibieron primero la fe del tipo A gracias a Descartes, y luego continuaron buscando hasta encontrar la fe del tipo B. Incluso personas completamente incultas recurren a alguna forma simplificada del argumento de

3. Un resumen breve de este argumento se encuentra en René Descartes, *Discours de la Méthode*, parte iv, en la que dice «pienso, luego existo».

la existencia de Dios por el plan del universo. La misma aceptación de la tradición implica un razonamiento que a veces se explicita de esta forma: «Supongo que tantos hombres sabios no habrían creído en el teísmo si no fuera verdad».

La fe del tipo A incluye naturalmente cierto grado de certeza subjetiva, que va más allá de la certeza lógica —o de la supuesta certeza lógica— del argumento empleado. Supongo que esta certeza dura mucho tiempo, incluso sin el apoyo de la fe del tipo B. Es frecuente que se dé un exceso así de certeza cuando el asentimiento se clarifica. En la mayoría de los que creen en la uniformidad de la naturaleza, la evolución o el sistema solar, se da.

2. Dudo que la gente religiosa haya supuesto alguna vez que la fe del tipo B siga automáticamente a la adquisición de la fe del tipo A, pues aquella se describe como un «don».[4] Tan pronto como tenemos fe del tipo A en la existencia de Dios, se nos ordena que pidamos al mismo Dios el don de la fe del tipo B. Una extraña petición —dirá usted— para hacer a la causa primera, al *ens realissimum*, o *al motor inmóvil*. Se podría argumentar (creo que yo mismo lo haría) que un Dios así, áridamente filosófico, más que rechazar, no invita a un acercamiento personal. De todas formas no hará ningún daño intentarlo. Pero acepto sin reservas que la mayoría de los que,

---

4. Por ejemplo, en 1 Corintios 12:1-11; Efesios 2:8.

habiendo alcanzado la fe del tipo A, ruegan por la fe del tipo B, lo hacen porque ya han tenido algún tipo de experiencia religiosa. Tal vez el mejor modo de expresarlo sería decir que la fe del tipo A convierte en experiencia religiosa lo que hasta ese momento era solo implícita o potencialmente religioso. Modificada de esta forma, aceptaría la opinión del profesor Price de que las pruebas filosóficas, por sí mismas, no llevan nunca a la religión. Algo al menos *quasi*-religioso las utiliza previamente, y las «pruebas» eliminan un impedimento que dificultaba su desarrollo hasta convertirse en algo propiamente religioso.

Esto no es exactamente *fides quarens intellectum*,[5] pues las experiencias quasi-religiosas a las que nos referimos no son *fieles*. A pesar del rechazo del profesor Price, sigo creyendo que la explicación de Otto sobre lo numinoso[6] es el mejor análisis de ese fenómeno del que disponemos. Estimo que es un error considerar lo numinoso exclusivamente como un asunto del «sentimiento». Sin duda, Otto puede describirlo tan solo por referencia a las emociones que causa en nosotros, pero es que nada se puede describir si no es en relación con sus efectos en la conciencia.

En inglés tenemos un término exacto para la emoción causada por lo numinoso, de la que Otto, que escribe en alemán, carece. Nosotros disponemos de la expresión

---

5. La fe buscando al intelecto.
6. Rudolf Otto, *The Idea of the Holy*, trad.: John W. Harvey (Londres, 1923) [en español, *Lo santo* (Madrid: Alianza, 2016)].

«temor reverencial», que es una emoción parecida al temor, pero con esta diferencia importante: es un temor que no implica ninguna estimación de peligro. Cuando tememos a un tigre, tememos que pueda matarnos; pero cuando tememos a un espíritu, tememos efectivamente al espíritu, no a este o aquel daño que pueda hacernos. Lo numinoso, aquello que tememos reverencialmente, es algo ante lo que tenemos, por así decir, un temor sin objeto o desinteresado. Lo numinoso no es un nombre para expresar nuestro propio sentimiento de temor reverencial, del mismo modo que «lo despreciable» tampoco es un nombre para expresar el desprecio. Lo numinoso es la respuesta a esta pregunta: «¿De qué sentimos temor reverencial?». Al igual que Otto y, en cierto sentido, que el profesor Price, yo encontraría la semilla de la experiencia religiosa en la experiencia de lo numinoso. En una época como la nuestra ocurre una experiencia así, pero hasta que llega la religión y la transforma retrospectivamente, al sujeto que la tiene le parece una forma especial de experiencia estética. Creo que en la antigüedad la experiencia de lo numinoso se desarrollaba, hasta convertirse en experiencia de lo sagrado, cuando lo numinoso (que en sí mismo no tenía que tener carácter moral) llegaba a conectarse con lo moralmente bueno. Esto ocurrió regularmente en Israel, y esporádicamente en otras partes. Pero no creo que en el paganismo, ni siquiera en el más desarrollado, ese proceso condujera a algo exactamente como la *fides*; en el paganismo no hay nada que sea objeto de fe.

En Israel sí alcanzamos la *fides*, y está conectada siempre con ciertas afirmaciones históricas. La fe no es solo fe en el numinoso *Elohim*, ni siquiera simplemente en el sagrado Yahvé, sino en el Dios «de nuestros padres», el Dios que llamó a Abraham y sacó a Israel de Egipto.

En el cristianismo se reafirma fuertemente este elemento histórico. El objeto de la fe es simultáneamente el *ens entium*[7] de los filósofos, el reverente Misterio del Paganismo, la Ley Sagrada de los moralistas y Jesús de Nazaret, que fue crucificado bajo Poncio Pilato y resucitó al tercer día.

Hemos de admitir que la fe, tal como la conocemos, no procede solo de argumentos filosóficos, ni solo de la experiencia de lo numinoso, ni solo de la experiencia moral, ni solo de la historia, sino de acontecimientos históricos que completan y trascienden la categoría moral, que se unen con los elementos más numinosos del paganismo y que, según nos parece, reclaman, como presupuesto suyo, la existencia de un Ser que es más, no menos, que el Dios que muchos filósofos acreditados creen poder verificar.

La experiencia religiosa, tal como la conocemos, implica realmente todos estos elementos. Sin embargo, podemos emplear la palabra en un sentido más restringido

---

7. Ser de seres.

para denotar ciertos momentos de la experiencia mística, piadosa, o meramente numinosa, y entonces podemos preguntarnos, con el profesor Price, cómo esos momentos, que son un tipo de *visio*, se relacionan con la fe, que por definición no es «visión». Este no me parece a mí uno de los problemas más difíciles. «La experiencia religiosa», en sentido estricto, viene y se va: especialmente se va. La operación de la fe es conservar, en tanto que la voluntad y la razón están interesadas, lo que durante los momentos de gracia especial es irresistible y obvio. Por fe creemos lo que esperamos ver siempre y perfectamente en la vida futura, y que ya hemos visto imperfectamente y en destellos. En relación con la premisa filosófica de la fe cristiana es, claro está, algo excesivo; respecto de lo que a veces muestra al cristiano, a menudo es tal vez defectuoso. Mi fe en un amigo terrenal también va más allá de lo que se podría probar demostrativamente. Sin embargo, en otro sentido, puede que a menudo confíe en él menos de lo que merece.

VIII

RÉPLICA AL DOCTOR
PITTENGER (1958)[1]

DE UNA DE las acusaciones que el doctor Pittenger hace en su «Crítica», publicada en el *Christian Century* del 1 de octubre, debo confesarme culpable. El doctor Pittenger me ha sorprendido usando la palabra «literalmente» en una ocasión en que yo no quería dar a entender lo que esa palabra significa, y se trata de un horrible cliché periodístico que él no puede reprobarme con más severidad de lo que yo mismo lo hago.[2]

---

1. W. Norman y T. Pittenger, «A Critique to C. S. Lewis». *Christian Century*, vol. LXXV (1 octubre 1958), pp. 1104-1107.
2. En *Broadcast Talks* (Londres, 1942), parte II, cap. 5, p. 60, Lewis había escrito que «la masa entera de cristianos es literalmente el organismo físico a través del cual actúa Cristo; que somos sus dedos y sus músculos, las células de su cuerpo». Sin embargo, la palabra «literalmente» fue borrada cuando *Broadcast Talks* se reimprimió, junto con otros dos libros breves, bajo el título *Mere Christianity*

Debo admitir, pues, que hay algo de cierto en su acusación de apolinarianismo. En mi obra *El problema del dolor* hay un pasaje que, si se fuerza, podría sugerir una idea de la encarnación escandalosamente tosca. En la edición francesa lo corregí con una nota a pie de página, pero no he podido hacerlo en las demás, salvo en la medida en que el capítulo 3 del libro IV de *Mero cristianismo* pueda proporcionar un antídoto.

Con esto no quiero decir que mi actual concepción satisfaga plenamente al doctor Pittenger. Él habla acerca de la validez/vigencia del lugar único que nuestro Señor Jesucristo ocupa en la fe cristiana, como el único en el cual Dios estuvo tan activo y tan presente que puede ser llamado «Dios hecho hombre».[3] No estoy del todo seguro de lo que esto quiere decir. Tal vez sus palabras se puedan interpretar así: «El lugar, verdaderamente único, de nuestro Señor Jesucristo en la estructura de la realidad total; el modo y el grado únicos de la presencia y acción de Dios en Él, hacen que la fórmula "Dios hecho hombre" sea la descripción objetiva y verdadera de nuestro Señor». Si es eso lo que quiere decir, creo que estaríamos casi de acuerdo.

Pero cabe también esta otra explicación: «El lugar único que los cristianos (subjetivamente, en su pensamiento)

(Londres 1952), donde la frase citada más arriba está en el libro II, cap. 5, p. 51 (en la versión española, *Mero cristianismo*, p. 80).
3. Pittenger, p. 1106

dieron a nuestro Señor, como el Único en el que Dios
se hizo presente y actuó en grado único, hizo que a ellos
les pareciera razonable llamar a nuestro Señor «Dios hecho hombre». Si es así, yo tendría muchas objeciones que
hacer. Con otras palabras: si la expresión «puede ser llamado», que el doctor Pittenger emplea, no significa «es»,
o significa algo distinto de «es», entonces no puedo aceptar su fórmula. Yo creo que Jesucristo es, de hecho, el Hijo
de Dios único, es decir, el Hijo de Dios único a través del
cual los hombres se les da «potestad de ser hechos hijos de
Dios».[4] Me admira que el doctor Pittenger, si desea atacar
esta doctrina, me elija a mí como representante de ella,
pues ha tenido campeones mucho más dignos de su acero.

Ahora acudo a mi libro *Los milagros*, y siento decir que
aquí tengo que enfrentarme a las acusaciones del doctor
Pittenger y rechazarlas de forma decidida. Él dice que mi
libro «se abre con una definición de milagro como "viola-
ción" de las leyes de la naturaleza».[5] Se equivoca. El pasaje,
del capítulo 2, dice realmente esto: «Uso la palabra *milagro* para significar una interferencia en la naturaleza rea-
lizada por un poder sobrenatural».[6] Si el doctor Pittenger

4. Juan 1:12.
5. Pittenger, p. 1105.
6. *Miracles. A Preliminar Study* (Londres, 1947). Como Lewis revisó posteriormente el capítulo III del libro, todas las referencias
que se hacen a su texto se refieren a la edición revisada de *Miracles*
(Fontana Books, Londres, 1960), p. 9. [En español, *Los milagros*,

cree que la diferencia entre el texto verdadero y su cita equivocada es meramente verbal, es que ha entendido erróneamente casi todo el libro. Yo nunca he igualado la naturaleza (el sistema espacio-temporal de hechos y acontecimientos) con las leyes de la naturaleza (las normas de acuerdo con las cuales suceden los hechos y acontecimientos). Yo igualaría, más bien, un habla real con las reglas de la gramática. En el capítulo 8 digo reiteradamente que los milagros ni pueden ni tienen por qué infringir las leyes de la naturaleza, que «es... incorrecto definir el milagro como algo que infringe las leyes de la naturaleza»,[7] y que «el arte divino del milagro no es el arte de suspender las pautas a las que se conforman los acontecimientos, sino el de incluir nuevos acontecimientos dentro de esas pautas».[8] ¿Cuántas veces debe un hombre repetir una cosa para que no se le acuse de haber dicho exactamente la contraria? (Ni por un momento atribuyo mala fe al doctor Pittenger. Todos sabemos lo difícil que es comprender o retener lo esencial de un libro que nos parece contrario a nuestras ideas).

Además, el doctor Pittenger contrapone mi teoría con aquella que considera los milagros signos de la acción y presencia de Dios en la creación. Sin embargo, en el

(Nueva York: Rayo, 2006), e integrada en *Clásicos selectos de C. S. Lewis* (Nashville: Grupo Nelson, 2022)].

7. Ibid., p. 63.

8. Ibid., p. 64.

capítulo quinto digo que el milagro de las bodas de Caná manifiesta «al Dios de Israel, que nos ha dado vino durante todos estos siglos», y que en la alimentación milagrosa, Dios «hace de manera cercana y en pequeño [...] lo que ha hecho siempre en los mares, los lagos y los arroyos».[9] Seguramente era esto lo que el doctor Pittenger quería que yo dijera y lo que Atanasio dice (*De Incarnatione* xiv. 8, ed. F. L. Cross, 1939).

Es verdad que yo no uso las palabras (*semeia, terata* y otras) que los autores del Nuevo Testamento emplean para referirse a los milagros. Pero, ¿por qué tendría que hacerlo? Yo escribo para gente que quiere saber, no cómo habría que llamar a ciertas cosas, sino si han ocurrido o no; si podemos creer, sin caer en absurdos, que Cristo resucitó dejando la tumba vacía. Me temo que la mayoría de mis lectores, si alguna vez han creído que no resucitó, considerará de menor importancia determinar si —en el supuesto de que no hubiera resucitado— el acontecimiento no existente era *teras* o *dunamis*. Y, en cierto modo, uno entiende su punto de vista. El doctor Pittenger piensa que el naturalista, al que trato de refutar en el capítulo tercero, es un hombre de paja. Tal vez no se halle en los círculos que el doctor Pittenger frecuenta; pero es muy común en los lugares de donde yo vengo, y, presumiblemente, en Moscú. En ese capítulo

---

9. Ibid., pp. 140, 141.

(que debería reescribir) hay una dificultad muy seria, pero el doctor Pittenger no la ha visto o la ha silenciado caritativamente.[10]

Ahora vuelvo a la cuestión más difícil e interesante del cuarto Evangelio. Es difícil porque, una vez más, aquí tampoco entiendo del todo lo que el doctor Pittenger escribe. Me culpa de haber colocado los cuatro Evangelios en la misma categoría, y especialmente, de creer que Jesús afirmó su naturaleza divina porque el cuarto Evangelio dice que lo hizo. Esto no significa que el doctor Pittenger rechace el cuarto Evangelio como sencillamente falso. Según él, ese Evangelio ofrece la «interpretación» que «dieron» de la «significación» de nuestro Señor los primeros cristianos, los cuales percibieron «correctamente» que «era verdad».[11]

En mi lenguaje, el significado de algo que «se percibe correctamente que es verdad» es su verdadero significado, y los que lo descubrieron habrían hallado lo que significa realmente la cosa en cuestión. Si el cuarto Evangelio nos dice lo que Jesucristo significa realmente, ¿por qué se me censura por aceptarlo? Pero lo han hecho, y, por tanto, las palabras del doctor Pittenger deben tener otro sentido. ¿Quiere decir que lo que los primeros cristianos «percibieron correctamente que era verdad» no era verdad? ¿O que

_____

10. Lewis, como se ha mencionado en una nota anterior, revisó el capítulo III de *Los milagros*.
11. Pittenger, p. 1106.

la significación que ellos percibieron correctamente que era verdad podría ser «percibida erróneamente» por nosotros como verdadera? ¿O que entendieron bien la «significación» y se equivocaron acerca de la «interpretación de la significación»? Me doy por vencido.

Reconozco que el problema del cuarto Evangelio provoca en mí un conflicto entre la autoridad y mi opinión personal: la autoridad de todos los eruditos que piensan que el cuarto Evangelio no es histórico, y mi opinión como crítico literario, que me obliga a pensar que está tan próximo a los hechos como el *Johnson* de Boswell. Si aquí me aventuro a seguir mi juicio en contra de la autoridad, lo hago solo parcialmente, porque nunca pude ver cómo eludir el dilema *aut Deus aut malus homo*,[12] si se limita uno a los Sinópticos. El hombre moderno no parece escandalizarse, como se escandalizaron los contemporáneos de Jesús, ante la afirmación del Señor de que perdonaba los pecados; no los pecados contra Él, sino los pecados sin más. Sin embargo, si el hombre moderno se topara ahora con Él, seguramente sentiría de otro modo. Si el doctor Pittenger me dijera que dos de sus colegas le han hecho perder una cátedra mintiendo sobre su carácter, y yo le contestara: «A los dos los perdono sin reservas», ¿no creería que esto es una impertinencia (en sentido antiguo y moderno) rayana con la locura? Y, naturalmente, los tres

12. O es malo Dios, o es malo el hombre.

Evangelios Sinópticos narran la historia de Alguien que, en su aflicción, selló su destino diciendo que era el Hijo de Dios.

Se me acusa de atribuir «trascendencia casi espacial a Dios», y de negar su presencia continua en la naturaleza, porque hablé de Él diciendo que la «invadía» o que «se inmiscuía» en ella.[13] Esto es algo realmente injusto por parte del doctor. La misma palabra «trascendencia» incluye una imagen espacial. Y también el término «inmanencia». Y lo mismo ocurre con la expresión del doctor Pittenger «acción y *presencia* de Dios *en* la creación».[14] A fin de cuentas, tenemos que hablar el lenguaje de los hombres. (He recibido mucha luz sobre este problema de la obra de Edwyn Bevan *Symbolism and Belief*). Reconozco, sin embargo, que, aun creyendo en las dos, he insistido más en la trascendencia de Dios que en su inmanencia. Creía, y creo, que lo exige la situación actual. No veo a mi alrededor peligro de deísmo, pero sí de inmoral, ingenuo y sentimental panteísmo. He comprobado a menudo que este era el principal obstáculo para la conversión.

El doctor Pittenger dice que yo baso la fe en la autoridad (que «ha crecido en la Iglesia y obtenido el asentimiento de los grandes doctores»).[15] Él también lo hace;

13. Pittenger, p. 1105.
14. Ibid.
15. Pittenger, p. 1106, citando la obra de Lewis *El problema del dolor*, p. 76.

su autoridad es «el testimonio unánime de todos los cristianos desde el tiempo de los apóstoles».[16] No sé exactamente por qué llama a mi autoridad «mecánica».

¿Se distingue tal vez de la suya por ser una autoridad que se puede descubrir? El «testimonio unánime» sería magnífico si aún lo tuviéramos. Pero, naturalmente, la inmensa mayoría de los cristianos —como los demás hombres— han muerto ya, y siguen muriendo mientras escribo, sin haber dejado grabados sus «testimonios».

¿Cómo consulta el doctor Pittenger su autoridad?

Lo que realmente me ha herido más es su acusación de insensibilidad hacia los animales. Y también me ha sorprendido, pues otros censuran ese mismo pasaje de mi escrito por ser excesivamente sentimental.[17] Es difícil agradar a todos, pero si los habitantes de la Patagonia creen que soy un enano, y los pigmeos consideran que soy un gigante, entonces es que mi estatura no es nada fuera de lo corriente.

La afirmación de que no «me interesa demasiado» el Sermón de la Montaña, sino que «prefiero» la «ética paulina» de la iniquidad y el desamparo del hombre[18] entraña una sugerencia acerca de las alternativas entre las que podemos elegir, donde yo veo una sucesión de

16. Pittenger, p. 1106.
17. La indicación se refiere al capítulo sobre «El dolor animal» de *El problema del dolor*.
18. Pittenger, p. 1106.

estadios por los que debemos avanzar. La mayoría de mis libros son evangélicos, y están dirigidos a *tous exo*. Habría sido absurdo predicar el perdón y hablar del Salvador a quienes no sabían que necesitaban a los dos. De ahí que se tenga que insistir en el diagnóstico de san Pablo y del Bautista (¿llamaría usted *ética* a ese diagnóstico?). Y no me consta que nuestro Señor lo revisara («Pues si vosotros, aun siendo malos...»).[19] En cuanto a eso de que «no me interesa» el Sermón de la Montaña, si «interesarse por» significa «gustar» o «disfrutar», supongo que a nadie «le interesa». ¿A quién le *gusta* que le golpeen fuertemente en la cara? Me resulta muy difícil imaginar una condición espiritual más letal que la del hombre que puede leer ese pasaje con placer tranquilo. Eso es realmente ser «los descuidados en Sión».[20] Un hombre así no está maduro para la Biblia, y habría sido mejor que empezara aprendiendo buen juicio del islam: «¿Crees que hice el cielo y la tierra *en broma*?».

Eso ilustra algo que, en mi opinión, constituye una debilidad del método crítico del doctor. El doctor Pittenger juzga mi libro *in vacuo*, sin tener en cuenta a quiénes iba dirigido ni los errores generalizados que trataba de combatir. El Naturalismo se convierte en un hombre de paja porque no se da entre los «científicos de primera categoría»

---

19. Mt 7:11. Lc 11:13.
20. Amós 6:1.

ni entre los lectores de Einstein. Pero yo escribía *ad populum,* no *ad clerum.* Esto es relevante para mi modo de ser y para el asunto que trataba. No entiendo por qué puede ser vulgar y ofensivo, al hablar de la Santísima Trinidad, ilustrar, a partir de una geografía plana y del espacio, la concepción de que lo que es internamente contradictorio en un nivel puede ser consistente en otro,[21] Yo habría entendido que el doctor Pittenger se hubiera escandalizado si hubiera comparado a Dios con un juez injusto, o a Cristo con un ladrón en la noche. Sin embargo, creo que los objetos matemáticos solo contienen aquellas asociaciones sórdidas que la mente pueda albergar.

Pasemos todo esto por alto. Admitamos que la imagen es vulgar. Si logra que los no creyentes conozcan lo que necesitan desesperadamente conocer, la vulgaridad debe tolerarse; de hecho, la vulgaridad de una imagen puede ser incluso una ventaja. Hay mucho sentido en las razones aducidas por santo Tomás de Aquino para preferir (siguiendo al Pseudo Dionisio) las verdades divinas actuales *sub figuris vilium corporum*[22] (*Summa Theologica,* Qu. 1, Art. 9 *adtertiurn*).

---

21. En *Mero cristianismo,* Libro IV, cap. 2, p. 174, Lewis dice: «En la dimensión de Dios, por así decir, encontramos un ser que es tres Personas y un solo Ser, igual que un cubo es seis cuadrados y un solo cubo».
22. Bajo figura de cuerpos viles.

Cuando comencé, el cristianismo se presentaba, ante la gran mayoría de mis compatriotas no creyentes, o bien en la forma altamente emocional ofrecida por los predicadores que recorrían el país predicando la fe, o en el lenguaje ininteligible de los clérigos altamente ilustrados. A la mayoría de los hombres no les llegaba ninguno de los dos. Mi tarea ha sido simplemente la de un traductor: explicar la doctrina cristiana, o lo que creía que era tal, en el habla común, que la gente no ilustrada pudiera comprender y al que pudiera prestar atención. Para lograr este objetivo, un estilo más cauto, más *nuancé*, más matizado, más rico en fértiles ambigüedades —un estilo más parecido al del doctor Pittenger— habría sido completamente inútil. No solo habría fracasado en ilustrar el entendimiento del lector medio, sino que habría levantado sospechas. Ese lector, ¡pobre alma!, habría pensado que yo estaba usando ambos procedimientos, que me mostraba indeciso, que ofrecía en un momento lo que quitaba en otro, y que trataba de engañarle.

Tal vez haya cometido errores teológicos. Mi modo de expresión puede haber sido defectuoso. Es posible que otros lo hagan mejor en el futuro. Estoy dispuesto, si soy bastante joven para ello, a aprender. Pero el doctor Pittenger sería un crítico más útil si, además de diagnosticar las enfermedades, aconsejara el remedio.

¿Cómo hace él esta labor? ¿Qué métodos emplea, y con qué éxitos, cuando trata de convertir a la gran masa de tenderos, abogados, corredores de fincas, policías y artesanos que lo rodean en su misma ciudad?

Al menos una cosa es segura. Si los verdaderos teólogos hubieran abordado esta laboriosa tarea de traducción hace cien años, cuando empezaron a perder el contacto con la gente (por las que Cristo murió), quizá no habría habido lugar a que la hiciera yo.[23]

_____

23. Cp. carta 11, p. 210.

IX

ESCLAVOS VOLUNTARIOS DEL ESTADO DEL BIENESTAR[1] (1958)

EL PROGRESO SIGNIFICA movimiento en la dirección deseada, y no todos deseamos las mismas cosas para nuestra especie. En *Possible Worlds*,[2] el profesor Haldane se imagina un futuro en el que el hombre, previendo que la tierra

---

1. Desde la Revolución Francesa hasta el estallido de la Primera Guerra Mundial, en 1914, se asumía de forma general que el progreso humano era no solo posible sino inevitable. Desde entonces, dos terribles guerras y el descubrimiento de la bomba de hidrógeno han hecho que se pierda la confianza en esta afirmación. *The Observer* invitó a cinco conocidos escritores a que respondieran a las siguientes preguntas: «¿Sigue progresando el hombre hoy día?»; «¿Es posible todavía el progreso?». Este segundo artículo de esta serie es la respuesta al artículo de C. P. Snow «Man in Society», *The Observer* (13 julio 1958).

2. Ensayo de la obra de J. B. S. Haldane, *Possible Worlds and Other Essays* (Londres, 1927). Puede verse también, del mismo libro, «The Last Judgement».

será inhabitable en poco tiempo, se adapta para emigrar a Venus: modifica drásticamente su fisiología y renuncia a la justicia, la compasión y la felicidad. Su único deseo es el de la mera supervivencia. Ahora bien, a mí me preocupa mucho más *cómo* vive la humanidad que cuánto tiempo. Para mí el progreso significa aumento de la bondad y la felicidad de la vida individual. Tanto para la especie como para cada hombre, la mera longevidad me parece un ideal despreciable.

Esa es la razón por la que voy incluso más lejos que C. P. Snow en apartar la bomba H del centro de la situación. Como él, yo tampoco estoy seguro de que, si matara a una tercera parte de nosotros (la tercera parte a la que yo pertenezco), eso sería bueno para los que quedaran; como él, yo no creo que nos mate a todos. Pero supongamos que lo hiciera. Como cristiano, doy por supuesto que la historia humana terminará un día, y no estoy dando a la Omnisciencia ningún consejo acerca de la fecha mejor para esa consumación. Me interesa más lo que la bomba está haciendo ya.

Uno se tropieza con jóvenes que convierten la amenaza de la bomba en una razón para envenenar los placeres y para eludir los deberes del presente. ¿Desconocen que —haya o no bomba— todos los hombres morirán (muchos de forma horrible)? No es bueno abatirse o amohinarse por ello.

Tras apartar lo que considero un arenque rojo, vuelvo al verdadero problema. ¿Es la gente —o es probable que sea— mejor y más feliz? Obviamente esta pregunta solo admite como respuesta una conjetura. La mayor parte de la experiencia individual (y no hay otra) no penetra en lo nuevo, y no digamos los libros de historia; tenemos una comprensión imperfecta hasta de nosotros mismos. Somos reducidos a generalidades, e, incluso entre ellas, es difícil hacer balance. *Sir* Charles enumera muchas mejoras reales, frente a las que podemos poner Hiroshima, Black and Tans, la Gestapo, el Ogpu, el lavado de cerebro, los campos de concentración rusos. Tal vez para los niños seamos bondadosos, pero para los ancianos no lo somos tanto. Cualquier GP nos dirá que incluso las personas con recursos rehúsan cuidar de sus padres. «¿No se les puede encerrar en un asilo?», dice Goneril.[3]

Más útil que intentar un balance es, a mi juicio, recordar que la mayoría de estos fenómenos, el bien y el mal, son posibles debido a dos realidades, las cuales es muy probable que determinen la mayoría de lo que nos ocurra durante algún tiempo.

La primera es el progreso y creciente aplicación de la ciencia. Como medio para el fin, yo deseo ambas cosas, que, en este sentido, son neutrales. Curaremos y provocaremos más enfermedades —la guerra bacteriológica, no las bombas, podría abatir el telón de acero—, aliviaremos e infligiremos más dolor, ahorraremos y derrocharemos

---

3. En la obra de Shakespeare *El rey Lear*.

más intensamente los recursos del planeta. Podemos hacernos más benéficos o más dañinos. Yo supongo que seremos ambas cosas, que mejoraremos unas cosas y dañaremos otras, que eliminaremos viejas miserias y crearemos otras nuevas, que nos protegeremos aquí y nos pondremos en peligro allá.

La segunda es el cambio de relación entre gobierno y gobernados. *Sir* Charles menciona nuestra nueva actitud hacia el crimen. Yo mencionaré los trenes atestados de judíos destinados a las cámaras alemanas de gas. Parece chocante sugerir que hay un elemento común entre ambas cosas, pero yo creo que lo hay. Desde el punto de vista humanitario, todo crimen es patológico, y no demanda un castigo justo, sino curación. Esto separa el tratamiento del criminal de los conceptos de justicia y mérito. Hablar de una curación justa no tiene sentido.

Desde el viejo punto de vista, la opinión pública podría protestar contra un castigo (yo he protestado contra nuestro viejo código penal) por considerarlo excesivo, por estimarlo más duro de lo que un hombre «merecería». Se trata de un problema ético sobre el que cada cual puede tener su propia opinión. Sin embargo, una terapia que trate de remediar el mal solo se puede juzgar por su probabilidad de éxito, y esto es un asunto técnico del que solo los expertos pueden hablar. Así, el criminal deja de ser una persona, un sujeto de derechos y deberes, y se convierte exclusivamente en un objeto del que la sociedad puede disponer. En síntesis, así es como Hitler trató a los judíos. Los judíos eran objetos, y se los mataba, no por ser dañinos y sin méritos, sino por la creencia en una teoría según la cual constituían una enfermedad para la sociedad. Si la sociedad puede reparar, rehacer y aniquilar a los hombres como le venga en gana, esa gana puede ser, obviamente, humana u homicida. La diferencia es muy importante, pero, en ambos casos, los gobernantes se han convertido en los amos.

Observemos cómo podría funcionar la actitud «humana» hacia el criminal. Si los crímenes son enfermedades, ¿por qué habría que tratar las enfermedades de distinta forma que los crímenes?, y ¿quién, salvo los expertos, pueden definir la enfermedad? Una escuela de psicología considera mi religión como neurosis. Si esta neurosis llegara a ser alguna vez molesta para el gobierno, ¿por qué habría que impedir que se me sometiera a una «cura» obligatoria? Podría ser doloroso —los tratamientos lo son a veces—, pero sería inútil preguntar: «¿Qué he hecho yo para merecer esto?». El encargado de enderezarnos podría responder: «Pero, mi querido amigo, nadie le *culpa*. Nosotros no creemos ya en la justicia distributiva, y lo único que hacemos es curarle».

Todo esto no sería sino una aplicación extrema de la filosofía política implícita en la mayoría de las comunidades modernas, la cual nos ha pillado de improviso. Las dos guerras mundiales han ocasionado una reducción inmensa de libertad, y nosotros, aunque a regañadientes, nos hemos acostumbrado a las cadenas. La complejidad y precariedad crecientes de la vida económica han obligado al gobierno a ocuparse de esferas de actividad, que, en otro tiempo, se dejaban a la elección o la suerte. Nuestros intelectuales se han entregado, primero, a la filosofía de esclavos de Hegel, después, a Marx, y, finalmente, a los analistas lingüísticos. Como resultado de todo esto, la teoría política clásica, con sus estoicas, cristianas y jurídicas concepciones clave (la ley natural, el valor del individuo, los derechos del hombre), ha muerto. El Estado moderno no existe para proteger nuestros derechos, sino para hacernos buenos o para hacernos el bien; en todo caso, para hacernos de cierta manera o para hacer algo para nosotros. De aquí procede el nuevo nombre de «líderes», que se emplea para nombrar a los que antes eran «gobernantes». Ya no somos sus súbditos, sino sus pupilos, alumnos o animales domésticos. No queda nada que nos permita decirles: «Ocúpense de sus asuntos», pues sus asuntos *son* toda nuestra vida.

Digo «ellos» porque parece pueril no reconocer que el verdadero gobierno es, y así tiene que ser siempre, oligárquico. Nuestro verdadero patrón tiene que ser más de uno y menos que todos, pero los oligarcas empiezan a considerarnos de una forma nueva.

Y aquí se halla, creo yo, el verdadero dilema. Probablemente no podemos —ciertamente no—, volver sobre nuestros pasos. Somos animales domesticados (unos con amos amables, otros con amos crueles), y probablemente moriríamos de hambre si nos escapáramos de nuestra jaula. Este es un extremo del dilema. Pero en una sociedad cada vez más planificada, ¿cuánto de lo que yo estimo valioso podrá sobrevivir? Este es el otro extremo. Creo que el hombre es más feliz, y es feliz de un modo más rico, si tiene una «mente libre». Pero dudo de que pueda tenerla sin independencia económica, que es algo que la nueva sociedad está aboliendo. La independencia económica permite una educación no controlada por el gobierno, y, en la edad adulta, el hombre que no necesita nada del gobierno ni le pide nada es el que puede criticar sus actuaciones y tratar con desprecio su ideología. Lean a Montaigne, que es la voz del hombre que tiene las piernas bajo su mesa, y que come carne de cordero y nabos criados en su propia tierra. ¿Quién hablará como él cuando el Estado sea maestro y patrón de todos? Es verdad que, cuando el hombre no estaba domado, esa clase de libertad pertenecía solo a unos pocos. Lo sé, y de ahí la sospecha de que la única elección sea entre sociedades con pocos hombres libres y sociedades con ninguno.

Por otra parte, la nueva oligarquía tiene que basar cada vez más su derecho a planificarnos en su derecho al conocimiento. Si hemos de ser protegidos, es necesario que nuestros protectores conozcan lo más posible. Esto significa que dependerán cada vez más de la opinión de los científicos, hasta que, finalmente, los mismos políticos se conviertan en títeres de los científicos. La tecnocracia es la forma hacia la que la sociedad planificada tiene que dirigirse. Yo temo a los especialistas en el poder, porque se creen especialistas cuando hablan de asuntos ajenos a su especialidad.

Dejemos que los científicos nos hablen de ciencia. Pero el gobierno entraña cuestiones acerca del bien del hombre, de la justicia y de las cosas que tienen valor y del precio que hay que pagar por ellas, y, desde este punto de vista, la instrucción científica no da a la opinión del hombre un valor añadido. Dejemos que sea el médico el que me diga que moriré si no hago tal o cual cosa, pero determinar si la vida tiene valor en esas circunstancias no es algo sobre lo que él tenga más competencia que los demás hombres.

En tercer lugar, a mí no me gustan las pretensiones que tiene el gobierno de ser la cima —las razones que aduce para exigir que le obedezca—. No me gustan las pretensiones mágicas del fetiche ni el derecho divino de los Borbones. No es solo por esto por lo que no creo en la magia ni en la *Politique* de Bossuet.[4] Yo creo en Dios, pero detesto la teocracia. Los gobiernos se componen

---

4. Jacques Bénigne Bossuet, *Politique tirée des propres paroles de l'Écriture-Sainte* (París, 1709).

sencillamente de hombres y, en sentido estricto, son provisionales. Si añaden a sus órdenes expresiones como «así habla el Señor», mienten, y mienten peligrosamente.

Por esta misma razón temo también un gobierno en nombre de la ciencia. Así es como llega la tiranía. En cualquier época, los hombres que quieren mantenernos bajo su dominio, si son medianamente inteligentes, nos sugerirán la pretensión que las esperanzas y temores de esa época conviertan en más poderosa. Ellos siempre sacan provecho. Fue lo mágico, fue el cristianismo, y ahora será, no hay duda, la ciencia. Es posible que los verdaderos científicos no piensen demasiado en la tiranía de la ciencia —no pensaron en las teorías raciales de Hitler ni en la biología de Stalin—, pero pueden ser amordazados.

Hemos de tomar muy en serio la advertencia de *sir* Charles de que, en el Este, millones de personas están medio muertas de hambre. Comparado con esto, mis temores pueden parecer insignificantes. Un hombre hambriento piensa en la comida, no en la libertad. Hemos de tomarnos totalmente en serio la afirmación de que nada, salvo la ciencia, la ciencia universalmente aplicada, y, por tanto, con un control sin precedentes por parte del gobierno, puede producir estómagos llenos y atención médica para todo el género humano. En resumen, nada, salvo un Estado del Bienestar mundial, podrá hacerlo. La aceptación sin reservas de estas verdades es lo que despierta en mí la idea del peligro extremo que acecha a la humanidad en este momento. Por un lado, tenemos una necesidad desesperada: hambre, enfermedad y el miedo a la guerra. Por otro lado, la idea de algo que podría hacerle frente: la tecnocracia competente en todo. ¿No supone todo esto una oportunidad ideal para la esclavitud? Así es como ha entrado en el pasado: una necesidad desesperada (real o aparente), por un lado, y un poder (real o aparente) para remediarla, por otro. En el mundo antiguo los individuos se vendían como esclavos para poder comer. Lo mismo ocurre en la sociedad. Hay en ella un doctor en hechicería que nos puede salvar de los brujos —un señor de la guerra que puede salvarnos de los bárbaros—, una Iglesia que puede salvarnos del Infierno. ¡Démosles lo que piden, entreguémonos atados y con los ojos vendados, si es eso lo que quieren! Quizás el terrible pacto se hará de nuevo. No podemos censurar a los hombres por hacerlo. Difícilmente podemos desear que no lo hagan. Pero difícilmente podríamos soportar que lo hicieran.

La cuestión acerca del progreso se ha convertido en la cuestión acerca de si podemos hallar un modo de someternos al paternalismo universal de la tecnocracia sin perder la independencia e intimidad personales.

¿Hay alguna posibilidad de obtener la excelente miel del Estado de Bienestar y evitar la picadura?

No nos equivoquemos acerca de la picadura. La tristeza sueca es solo una muestra. Vivir la propia vida con un estilo propio, llamar a la casa nuestra casa y al castillo nuestro castillo, gozar de los frutos del propio trabajo, educar a nuestros hijos como nos dicta la conciencia, ahorrar para garantizar su prosperidad cuando muramos: todo esto son deseos profundamente arraigados en el hombre blanco civilizado. Su realización es casi tan necesaria para nuestras virtudes como para nuestra felicidad. De su completa frustración pueden derivarse consecuencias desastrosas, tanto morales como psicológicas.

Todo esto nos amenaza incluso aunque la forma de la sociedad, a la que nuestras necesidades apuntan, demostrara un éxito sin par. Pues, ¿qué garantía tenemos de que nuestros amos querrán o podrán guardar las promesas con las que nos indujeron a vendernos? No nos dejemos engañar por frases como «el hombre se hace cargo de su destino». Lo que verdaderamente puede ocurrir es que unos hombres se hagan cargo del destino de los otros. Pero esos hombres serán sencillamente hombres, ninguno será perfecto, y algunos serán codiciosos, crueles y deshonestos. Cuanto más completa sea la planificación a que nos sometan, tanto más poderosos serán. ¿Hemos descubierto alguna nueva razón por la cual, esta vez, el poder no los corrompa como los ha corrompido anteriormente?

X

CARTAS

AUNQUE AQUÍ SE reproducen solo cartas del propio Lewis, he intentado situarlas en su contexto, citando las cartas de las personas a las que Lewis respondía, o que le respondían a él. Esa es la razón de las subdivisiones (a), (b), (c), etc.

1. Las condiciones para una
guerra justa

a)   E. L. Mascall, «Los cristianos y la guerra inmediata». *Theology*, Vol. XXXVIII (enero 1939), pp. 53-58.

b)   C. S. Lewis, «Condiciones para una guerra justa», ibíd. (mayo 1939), pp. 373-4.

Señor:

En el número de enero, el señor Mascall menciona seis condiciones para una guerra justa, que han sido formuladas por los «teólogos». Tengo una pregunta que hacer, y un conjunto de problemas que plantear, acerca de estas reglas. La pregunta es meramente histórica. ¿Quiénes son esos teólogos, y qué clase o grado de autoridad pueden alegar sobre los miembros de la Iglesia de Inglaterra? Los problemas son más difíciles. La condición 4 establece que «debe ser moralmente seguro que los daños para los beligerantes, el mundo y la religión no superarán las ventajas del triunfo», y la 6 que «tiene que haber una alta posibilidad de vencer».

Es evidente que personas igualmente sinceras pueden disentir hasta cierto punto —y razonar eternamente— acerca de si una guerra declarada cumple estas condiciones o no. Por tanto, la cuestión práctica con la que nos enfrentamos es una cuestión de autoridad. ¿Quién tiene el deber de decidir cuándo se cumplen las condiciones, y el derecho de hacer cumplir su decisión? La explicación actual se inclina a dar por sentado, sin presentar argumentos, que la respuesta es esta: «la conciencia privada de los individuos», y cualquier otra respuesta es inmoral y totalitaria. En cierto sentido es verdad que «no hay deber de obediencia que pueda justificar un pecado», como dice el señor Mascall. Supuesto que la pena capital sea compatible con el cristianismo, un cristiano podría legalmente ser verdugo, pero no podría ahorcar a un hombre del que supiera que es inocente. Pero ¿hay alguien capaz de interpretar la afirmación anterior en el sentido de que el verdugo tiene *el mismo* deber que el juez de investigar la culpabilidad de un prisionero? Si así fuera, ningún poder ejecutivo podría trabajar y ningún estado cristiano sería posible, lo cual es absurdo. De aquí infiero que el verdugo cumple con su deber si realiza la cuota que le corresponde del deber general (deber que descansa por igual sobre todos los ciudadanos), con el fin de asegurar, en la medida en que dependa de él, que tenemos un sistema judicial justo. Si a pesar de todo esto, y sin él saberlo, ahorca a un inocente, es verdad que se ha cometido un pecado, pero no ha sido él quien lo ha cometido.

Esta analogía me sugiere la idea de que tiene que ser absurdo dar a los ciudadanos privados *el mismo* derecho —y exigir el mismo deber— que a los gobiernos para decidir si una guerra es justa, y supongo que las reglas para determinar qué guerras eran justas fueron originariamente reglas para asesorar a los príncipes, no a los súbditos. Esto no significa que las personas tengan que obedecer sin más a los gobiernos que les ordena hacer algo que ellas consideran que es pecado. Pero tal vez sí signifique (lo escribo con cierto disgusto) que la decisión última respecto a cuál es la situación en un momento dado en el muy complejo terreno de los asuntos internacionales debe ser delegada.

Es indudable que debemos hacer todos los esfuerzos que permita la constitución para garantizar un buen gobierno, e influir en la opinión pública, pero, a la larga, la nación como tal tiene que actuar, y solo puede hacerlo por medio de su gobierno. (Es preciso recordar que existen riesgos en ambas direcciones: si la guerra es legítima siempre, la paz es pecaminosa algunas veces). ¿Cuál es la alternativa? ¿Deben unos individuos ignorantes en historia y en estrategia decidir por sí mismos si la condición 6 («una alta posibilidad de victoria») se cumple o no? ¿Deben todos los ciudadanos, dejando al margen su vocación y sin tener en cuenta su capacidad, convertirse en expertos en todos los problemas relevantes, que a menudo son problemas técnicos?

El que la conciencia privada de los cristianos decidiera, a la luz de las seis reglas del señor Mascall, dividiría a los cristianos, y no daría al mundo pagano que nos rodea un claro testimonio cristiano. No obstante, se puede dar un testimonio cristiano claro de otra forma. Si todos los cristianos consintieran en servir como soldados al mando del Presidente de la nación, y si todos, después de eso, se negaran a obedecer órdenes anticristianas, ¿no obtendríamos un buen resultado? Un hombre está mucho más seguro de que no debe asesinar a los prisioneros, ni arrojar bombas sobre la población civil, de lo que pueda estarlo jamás acerca de si una guerra es justa o no. Tal vez sea aquí donde «la objeción de conciencia» deba comenzar. Estoy seguro de que un soldado cristiano de la Fuerza Aérea, fusilado por negarse a bombardear a civiles del bando enemigo, sería un mártir mucho más efectivo (en el sentido etimológico de la palabra) que cientos de cristianos en prisión por negarse a alistarse en el ejército.

El cristianismo ha hecho un doble esfuerzo para tratar con el mal de la guerra: la caballerosidad y el pacifismo. Ninguno ha tenido éxito. Pero dudo que la caballerosidad iguale el récord de fracasos —no superado— del pacifismo. La cuestión es muy oscura, y recibiría con igual satisfacción una refutación, o un desarrollo, de lo que he dicho.

2. El conflicto de la teología anglicana

a)   Oliver C. Quick, «El conflicto de la teología anglicana», *Theology*, Vol. LXI (octubre 1949), pp. 234-7.

b)   C. S. Lewis, ibid. (noviembre 1940), p. 304.

Señor:

En una carta admirable, aparecida en el número de octubre, Canon Quick observa que: «*los modernos*, de cualquier clase, tienen una característica en común: odian el liberalismo». ¿No sería igualmente cierto —y más breve— decir que «*los modernos* tienen una característica en común: odian»? El asunto merece seguramente más atención de la que ha recibido.

3. Milagros

a)   Peter May, «Milagros», *The Guardian* (9 octubre 1942), p. 323.

b)   C. S. Lewis, ibid. (16 octubre 1942), p. 331.

Señor:

En respuesta a la pregunta del señor May, contesto que tanto si el nacimiento de san Juan Bautista fue un milagro como si no lo fue, en todo caso no fue la misma clase de milagro que el nacimiento de nuestro Señor.[1] Lo anómalo en el embarazo de santa Isabel consiste en que era una mujer (casada) de edad avanzada y hasta entonces estéril. Que Zacarías fue el padre de san Juan está indicado en el texto evangélico («tu mujer Elisabet *te* engendrará un hijo», Lc 1:13).

Lo que dije acerca de la conversión natural del agua en vino fue lo siguiente: «Dios crea la vid y le enseña a aspirar agua por las raíces y a convertir, *con ayuda del sol*, el agua en un jugo *que fermentará* y adquirirá ciertas cualidades».[2] Para completar la idea, tendría que haber añadido, sin duda, «con la ayuda de la tierra», y tal vez otras cosas. Pero, desde mi punto de vista, esto no habría alterado sustancialmente lo que dije. Mi respuesta a

---

1. P. May criticaba el ensayo de Lewis «Milagros», de su libro *Dios en el banquillo*.

2. *Dios en el banquillo*, p. 32.

la pregunta del señor May —de dónde venían las demás materias primas— sería la misma, tanto si la lista correspondiente se redujera a la planta y a la luz del sol que mencioné como si se ampliara hasta incluir todo lo que un experto botánico podría añadir. Yo creo que en Caná procedían de la misma fuente de la que llegan a la naturaleza. Por supuesto, estoy de acuerdo con el señor May en que —en la hipótesis de que la historia entera fuera una ficción— podríamos atribuirle, como nuestros antepasados hicieron con los milagros que aparecen en Ovidio, un buen número de *moralitates* edificantes. Lo que yo estaba haciendo era combatir esa hipótesis por su falsedad, que descansa en la idea de que, si ocurriera un acontecimiento así, sería arbitrario y sin sentido.

4. El señor C. S. Lewis acerca
del cristianismo

a)   W. R. Childe, «El señor Lewis acerca del cristianismo», *The Listener*, Vol. XXXI (2 marzo 1944), p. 245.

b)   C. S. Lewis, ibid. (9 marzo 1944), p. 273.

Señor:

Estoy de acuerdo con el señor W. R. Childe en que es inútil decir «Señor, Señor» si no hacemos lo que Cristo nos dice; esa es una de las razones por las que creo que una religión meramente estética de «flores y música» es insuficiente.[3] La razón que tengo para creer que la mera afirmación de los principios éticos, incluso de los más altos, no basta, es precisamente que no es necesario conocerlos para ponerlos en práctica, y que si el cristianismo no proporciona ninguna clase de curación a nuestra débil voluntad, la enseñanza de Cristo no nos ayudará. No puedo culpar al señor Childe por haberme entendido mal, pues, como es natural, yo no soy juez de mi propia lucidez, pero considero que es muy duro que alguien completamente desconocido, al que jamás he hecho daño ni he ofendido a sabiendas, me acuse públicamente —nada más descubrir una diferencia de opinión teológica entre nosotros— de ser un torturador, un asesino y un tirano potencial, que es lo que significa, si significa algo, la referencia del señor Childe a los homosexuales. En una carta mía reciente, aparecida en el *Spectator*, y en la que protestaba contra la intolerable tiranía de que las

---

3. W. R. Childe no mencionó un pasaje del programa de la BBC, «The Map and the Ocean», en el que Lewis, hablando de una «religión vaga», decía que «no alcanzaremos la vida eterna si no es sintiendo la presencia de Dios en las flores o en la música». *The Listener*, Vol, XXXI (24 febrero 1944), p. 216. El programa de radio se convirtió después en un capítulo del libro *Mere Christianity* (Londres, 1952), lib. IV, cap. i., p. 122. [En español, *Mero cristianismo* (Nueva York: Rayo, 2006), integrada también en *Clásicos Selectos de C. S. Lewis* (Nashville: Grupo Nelson, 2022)].

procesiones de la Iglesia sean obligatorias para la Guardia Real, se puede apreciar lo poco que apruebo la coacción en cuestiones de religión. Si el señor Childe puede encontrar un pasaje en mis obras que favorezca la coacción religiosa o antirreligiosa, daré cinco libras a cualquier institución caritativa (que no sea militantemente anticristiana) que él quiera. Si no puede, le pido, por justicia y por caridad, que retire su acusación.

c)   W. R. Childe, ibid. (16 marzo 1944), p. 301.

5. *Experiencia de aldea*

C. S. Lewis, «Experiencia de aldea», *The Guardian* (31 agosto 1945), p. 335.

Señor:

Creo que a sus lectores podría interesarles el siguiente resumen de una carta que acabo de recibir. La escribe una señora inválida que vive en una aldea:

«Este pueblo solía ser temeroso de Dios, y tenía un párroco temeroso de Dios que visitaba, y dirigía a los *Scouts* («ejército amable» le llamaba. Y debería haber oído nuestro coro un domingo, dice mi capataz). Los jóvenes eran educados y asistían a la escuela dominical, sus padres llenaban la iglesia a rebosar. Ahora tienen a un octogenario.

¡Ningún mal hay en ello! Mi difunto tío, a esa edad, estaba tan fuerte como un niño de dos años. Pero este —lo observé por mí misma viéndole andar— está muerto desde hace años... No visita a los enfermos, ni aunque se lo pidan. Y —escuchen— puso en la iglesia esta nota: *No se admite a los niños sin la compañía de los padres o de un adulto.* El pueblo... se hizo súbitamente pagano. Tengo que irme de aquí. Nunca antes, salvo en las mezquinas y paganas Indias occidentales, he vivido sin el Santísimo, que ahora se me *ha arrebatado*, (¿Se puede prohibir a un niño —legalmente, me refiero— entrar en la iglesia? Llévenme ante el Obispo)».

6. Correspondencia con un anglicano al que no le gustan los himnos4

a)   Resumen de una carta de Erik Routley a Lewis (13 julio 1946), p. 15.

«... La Sociedad del Himno de Gran Bretaña e Irlanda está elaborando un fichero de nuevos himnos, para lo cual han solicitado su colaboración a los actuales

---

4. La «correspondencia» consta de dos cartas de Erik Routley a Lewis y dos de Lewis. Todas se publicaron juntas en *The Presbyter*, Vol. VI, n.º 2 (1948), pp. 15-20. Las cartas de Lewis fueron publicadas en *The Presbyter* con las iniciales «A. B.».

escritores de himnos. Me han pedido que le escriba y le pregunte si quiere ser miembro del jurado ante el que serán presentados los nuevos himnos para que se evalúen sus méritos...».

b) C. S. Lewis a Erik Routley (16 julio 1946), p. 15.

Querido señor Routley:

La verdad es que no siento suficiente simpatía por el proyecto como para ayudarle. Sé que a muchas congregaciones les gusta cantar himnos, pero no estoy convencido de que el gozo que eso les causa sea de carácter espiritual. Quizá sí; no lo sé. Para una minoría, a la que yo pertenezco, los himnos son la madera seca del servicio religioso. Recientemente, en una reunión de seis personas, descubrí que a todos, sin excepción, les gustaría que hubiera *menos* himnos. Alguien que tiene esta opinión no puede, como es lógico, ayudarle.

c) Erik Routley a Lewis (18 septiembre 1946), pp. 15-20.

d) C. S. Lewis a Erik Routley (21 septiembre 1946), p. 20.

No puedo recordar lo que le decía en mi última carta, pero estaba equivocado si le dije —o le di a entender— que a) las variables, b) la participación activa de la gente, o c) los himnos, son malos por principio. Estoy de acuerdo en que todo lo que la congregación pueda hacer es posible ofrecerlo decorosa y provechosamente a Dios en el culto público. Si uno tuviera una congregación (por ejemplo, en África) con una larga tradición en danzas sagradas, y pudiera hacerlo auténticamente bien, yo estaría totalmente a favor de convertir la danza en una parte del servicio religioso. Pero no podría trasladar esa práctica a una congregación de Willesden, cuya danza mejor ha sido un chancleteo de salón. En la Inglaterra moderna no podemos cantar como pueden hacerlo los galeses y los alemanes. Asimismo (es una pena, pero es verdad), el arte de la poesía, durante dos siglos, ha seguido una dirección privada y subjetiva. Esa es la razón por la que considero que los himnos son «madera seca». Pero hablaba exclusivamente en mi nombre y en el de algún otro. Si los himnos perfeccionados —o, incluso, los actuales himnos— pueden edificar a otras personas, por supuesto que es un elemental deber de caridad y humildad para mí admitirlos. Nunca he hablado en público *en contra* del uso de los himnos. Al contrario, con frecuencia he dicho a convertidos «arrogantes» que la sumisión humilde, en cualquier cuestión que pueda edificar a los hermanos no cultivados (por espantoso que pueda parecer al «hombre culto») es la primera lección que deben aprender. La puerta es *baja*, y uno tiene que agacharse para entrar.

7. La liturgia de la Iglesia, la invocación y la invocación a los santos

a)   E. L. Mascall, «Quadringentesimo Anno», *Church Times*, Vol. CXXXII (6 mayo 1949), p. 282.

b)   C. S. Lewis, «La liturgia de la Iglesia», ibid. (20 mayo 1949), p. 319.

Señor:

Si no es volver al punto de partida desde muy atrás, me gustaría hacer dos comentarios, como seglar, acerca de los artículos litúrgicos del número del 6 de mayo. En primer lugar, quisiera subrayar la necesidad de uniformidad, si no en todo, al menos en la duración de la ceremonia. Tal vez los seglares no estemos más ocupados que el clero, sin embargo por lo general tenemos muchas menos alternativas en nuestras horas de trabajo. El celebrante que alarga el servicio religioso diez minutos puede hacer que el día entero sea para nosotros apresuramiento y confusión. Es difícil apartar esto de nuestras mentes, y hasta puede ser difícil evitar cierta sensación de resentimiento. Tal vez esas tentaciones puedan ser buenas para nosotros, pero no es misión del celebrante procurárnoslas. El permiso de Dios y la diligencia de Satanás velarán por esa parte de nuestra educación sin su asistencia.

En segundo lugar, pediría al clero que creyera que estamos más interesados de lo que puedan imaginar en la ortodoxia, y menos de lo que suponen en la liturgiología como tal. El doctor Mascall dice con razón que las variaciones son aceptables cuando no alteren la doctrina. Pero, dicho esto, continúa, de forma casi casual, mencionando «la devoción a la Madre de Dios y a las multitudes del cielo» como una posible variante litúrgica. El doctor Mascall sabe muy bien que la introducción de semejante devoción en una parroquia no habituada a ella podría dividir a la congregación. Pero si cree que ese es un problema litúrgico, me permito decir que está equivocado. Es un problema doctrinal. Ningún seglar preguntaría si esa devoción empeora o mejora la belleza de la ceremonia, sino si es lícita o condenable. No me propongo ahora discutir ese asunto aquí, sino tan solo indicar que esa es la cuestión.

Lo que los seglares tememos es que los problemas doctrinales más profundos sean resueltos tácita e implícitamente mediante lo que parecen ser —o se reconoce que son— meros cambios litúrgicos. Al hombre que se le pregunta si el plato que tiene delante es comida o veneno, no lo tranquilizamos diciéndole que el plato vuelve a ocupar nuevamente su tradicional lugar en el menú, o que la sopera es del modelo Sarum. Los seglares somos ignorantes y tímidos. Nuestras vidas están siempre en sus manos, el vengador de la sangre nos pisa los talones y a cada uno de nosotros nos pueden pedir el alma esta noche. ¿Pueden censurarnos porque la reducción de graves problemas doctrinales a asuntos meramente litúrgicos nos llene de algo bastante parecido al terror?

c) W. W. D. F. Hughes, ibid. (24 junio 1949), p. 409.

d) C. S. Lewis. ibid. (1 julio 1949), p. 247.

Señor:

Estoy de acuerdo con el deán Hughes acerca de que la conexión entre la fe y la liturgia es estrecha, pero dudo de que sea «inextricable». Creo que es saludable cuando la liturgia expresa la fe de la Iglesia, y mórbida cuando la liturgia genera en las personas, mediante insinuación, creencias que la Iglesia no ha profesado, ni enseñado, ni defendido públicamente. Si la Iglesia estima, por ejemplo, que nuestros padres se equivocaron al abandonar las invocaciones romanas a los santos y los ángeles, empleemos todos los medios para que salga a la luz nuestra retractación colectiva, sus fundamentos en las Sagradas Escrituras, la razón y la tradición, para que hagamos un acto solemne de penitencia, para que los seglares sean reeducados y se introduzcan los cambios adecuados en la liturgia.

Lo que me horroriza es que algunos sacerdotes se sientan alentados a proceder como si todo esto ya se hubiera hecho, cuando no se ha hecho. Una persona que me escribió comparaba esos cambios con los cambios igualmente clandestinos e irresistibles (según dice) del lenguaje. Es justamente ese paralelismo el que me aterra, pues hasta el psicólogo más superficial sabe que el proceso lingüístico inconsciente degrada continuamente palabras buenas y embota distinciones útiles. *Absit omen.* El que sea admisible un «enriquecimiento» de la liturgia, que entrañe un cambio de la doctrina, dependerá seguramente de que la doctrina pase del error a la verdad o de la verdad al error. ¿Es el sacerdote el juez de eso?

e)   Edward Every, «Doctrina y Liturgia», ibid. (8 julio 1949), pp. 445-46.

f)   C. S. Lewis, «Invocación», ibid. (15 julio 1949), pp. 463-44.

Señor:

El señor Every, de forma enteramente legítima, da a la palabra *invocación* un sentido más amplio del que yo le doy. La cuestión se transforma entonces en determinar hasta qué punto podemos inferir que es correcta la *devoción* del hecho de que sea correcta la *invocación.* Yo acepto la autoridad del *Benedicite*[5] sobre la corrección de

---

5. Se halla en el Libro de Oraciones, en las Oraciones de la Mañana, cuya fuente original es *Cántico de los tres jóvenes* (vv. 35-36), de los apócrifos del Antiguo Testamento.

invocar (en el sentido del señor Every) a los santos. Pero si, por esta razón, él concluye que es correcta la *devoción* a los santos, ¿no me obligaría su argumento a aprobar la devoción a las estrellas, la escarcha y las ballenas?

Estoy dispuesto a admitir, sin reservas, que he pasado por alto alguna distinción. Nuestros padres podrían haber rechazado una determinada doctrina medieval y, sin embargo, no haber rechazado otra que los laicos confundimos fácilmente con la anterior. Pero si el problema es más sutil de lo que yo pensaba, mi inquietud y mi creencia de que la cuestión debería ser definida pública y autorizadamente no hace sino redoblarse.

Si temiera que las indicaciones de la liturgia pudieran engañarnos a los seglares en un asunto sencillo, no me confortaría descubrir que se trata de un asunto sutil. Si hay un tipo de devoción a los seres creados que agrada a Dios y otro que le desagrada, ¿cuándo va la Iglesia, como Iglesia, a instruirnos sobre esta distinción?

Entretanto, ¿qué mejor ocasión desearía nuestro espectral enemigo para insinuar furtivamente la devoción equivocada que la práctica esporádica y no autorizada de la devoción a criaturas ante congregaciones no instruidas? Creo que la mayoría de los seglares no tenemos ningún *parti pris* en el asunto. Lo seglares deseamos creer lo que cree la Iglesia.

g)   Edward Every, «La invocación a los santos», ibid. (22 julio 1949), pp. 481-82.

h)   C. S. Lewis, ibid. (5 agosto 1949), p. 513.

Señor:

Espero que el señor Every no me haya malinterpretado. Creo que hay un caso *prima facie* para considerar la devoción a los santos en la Iglesia de Inglaterra como una cuestión controvertida (Cp. Jewel, *Apología Ecclesiae Anglicanae*, Pt. II, cap. xxviii, *Homilies*, L. II, *Peril of Idolatry*, Pt. III; Laud, *Conference with Fischer*, Sec. XXIII; Taylor, *Dissuasive from Popery*, Pt. I, cap. ii, Sec. 8). Yo solo afirmo que la controversia existe; y comparto con el señor Every el deseo de que debería terminar. Pero hay dos modos de lograr que una controversia termine: clarificándola o introduciendo cambios graduales e imperceptibles en las costumbres. Yo no deseo que ninguna controversia acabe de la segunda forma.

Ruego a los sacerdotes que recuerden lo que Aristóteles nos dice acerca de la revolución inconsciente: «Los cambios en las costumbres a menudo pasan inadvertidos» (*Política*, 1303 a 22). Cuando una revolución inconsciente produce un resultado que nos gusta, sentimos la tentación de darle la bienvenida. Y, así, yo estoy tentado de darle la bienvenida cuando enseña a orar por los difuntos. Pero luego veo que el mismo proceso se puede usar, y se usa, para introducir adulteraciones modernistas de la

fe, de las que, no me cabe la menor duda, el señor Every
y yo abominamos por igual. Mi conclusión es que un camino tan peligroso no se debería andar nunca, tanto si el
destino al que parece apuntar es bueno en sí mismo como
si es malo. Mi único propósito es escribir en ese camino:
«prohibido el paso».

8. *El Nombre Santo*

a)   Leslie E. T. Bradbury, «El Nombre Santo»,
Church Times, Vol. CXXXIV (3 agosto 1951), p. 525.
b)   C. S. Lewis, ibid. (10 agosto 1951), p. 541.

Señor:

Tras leer la carta del señor Bradbury sobre el Nombre
Santo, tengo algunos comentarios que hacer. Yo no creo
que estemos autorizados a dar por sentado que todos los
que usan este Nombre sin prefijos de reverencia hagan un
uso «descuidado» de él. De ser así, tendríamos que decir
que los evangelistas fueron descuidados a menudo. No
creo que estemos autorizados a dar por sentado que sea
necesario usar la palabra *santísima* cuando hablamos de la
Virgen María. De ser así, deberíamos condenar al Credo
Niceno y al Credo Apostólico por omitirlo.

¿No deberíamos admitir, más bien, que la presencia o
ausencia de tales prefijos de reverencia constituye, no una

diferencia de fe o de moral, sino simplemente de estilo? Sé que tan «irritante» como pueda ser para algunos el que no aparezcan lo es para otros el que se repitan constantemente. ¿No es cada una de las partes inocente de sus preferencias temperamentales, pero claramente culpable si permite que algo tan subjetivo, contingente y superable con poco esfuerzo, como una preferencia temperamental, se convierta en causa de división entre hermanos?

Si no podemos abandonar nuestros gustos, junto con los demás equipajes carnales, en la puerta de la iglesia, ¿no deberíamos al menos introducirlos en ella para que sean humillados, y, si es preciso, modificados, en vez de para darles rienda suelta?

9. Meros cristianos

a)   R. D. Daunton-Fear, «La condición de miembro de la Iglesia Evangélica», *Church Times*, Vol. CXXXV (1 febrero 1952), p. 77.

b)   C. S. Lewis, «Meros cristianos», ibid. (8 febrero 1952), p. 95.

Señor:
Doy la bienvenida a la carta del deán rural de Gravesend, aunque lamento que algunos la hagan necesaria por describir al obispo de Birmingham como evangélico. A un

laico le parece obvio que lo que une a evangélicos y anglocatólicos, frente al «liberal» o el «modernista», es algo muy claro e importante, a saber, el hecho de que ambos creen completamente en lo sobrenatural, en la creación, la caída, la encarnación, la resurrección, la segunda venida y en la escatología. Esto los une, no solo entre sí, sino con la religión cristiana tal como es entendida *ubique et ab omnibus.*[6]

La opinión según la cual el acuerdo parece menos importante que la división, o que el abismo que separa a los dos de ciertas versiones del cristianismo que excluyen los milagros, a mí me resulta ininteligible. La dificultad está en que, como creyentes en lo sobrenatural, tanto de la Iglesia «Baja» como de la «Alta», reunidos todos juntos, carecemos de nombre. ¿Puedo sugerir el de «Iglesia Profunda», o, si este no es adecuado, el propuesto por Baxter, o sea, «meros cristianos»?

10. Canonización

a)   Eric Pitt, «Canonización», *Church Times*, Vol. CXXXV (17 octubre 1952), p. 743.

b)   C. S. Lewis, ibid. (24 octubre 1952), p. 763.

---

6. «En todas partes y por todos». Cp. san Vicente de Lérins: *Commonitorium*, ii.

Señor:

Soy, como el señor Eric Pitt, un seglar, y me gustaría recibir instrucción sobre algunos puntos antes de que se discuta la propuesta de instituir un «sistema» de canonización anglicana. Según la *Catholic Encyclopaedia*, «santos» son aquellas personas difuntas cuyas virtudes las han hecho «merecedoras» de un amor «especial» por parte de Dios. La canonización hace «universal y obligatorio» el culto de *dulía*, y, aparte de cualquier otra cosa que afirme, afirma que la persona en cuestión «está en el cielo».

Al menos que la palabra «canonización» se use en un sentido distinto al romano (en cuyo caso sería conveniente emplear otra palabra), la propuesta de instituir un «sistema» de canonización significa que alguien (por ejemplo, el arzobispo) será nombrado:

a)   Para decirnos que ciertas personas señaladas están (i) «en el cielo», y (ii) que son «merecedoras» de un amor «especial» por parte de Dios.

b)   Para imponernos (¿bajo pena de excomunión?) el deber del culto de *dulía* hacia las personas señaladas.

Es muy claro que nadie debe decirnos lo que no crea que es verdad. ¿Se sostiene, entonces, que Dios ha prometido a la iglesia universal (si es así, ¿cuándo y dónde?) un conocimiento de la situación de ciertas personas difuntas? De ser así, ¿está claro que este conocimiento distinguirá grados variables de tipos de salvación, como aparece implícito, a mi entender, en la palabra «especial»? Y si los distingue, ¿ayudará la promulgación de tal conocimiento a salvar almas ahora *in via*? También podría conducir a una consideración de «exigencias opuestas», tal como leemos en la *Imitación de Cristo* (lib. III, cap. 58), donde se nos advierte: «no preguntes qué es más grande en el Reino de los Cielos [...], investigar esas cosas no acarrea ningún provecho, sino que, más bien, ofende a los santos».

Por último, hay un problema práctico, y no me refiero a la breve y clara explicación que la *Catholic Encyclopaedia* da de «los costos reales ordinarios de la canonización» (aunque también esto se puede leer con provecho), sino al peligro de cisma. Miles de miembros de la Iglesia de Inglaterra dudan que el culto de *dulía* sea legítimo. ¿Dice alguien que es necesario para la salvación? Si no lo es, ¿por qué la obligación de correr tan terribles riesgos?

11. *Pittenger-Lewis y la versión vernácula*

a) W. Norman Pittenger, «Pittenger-Lewis», *The Christian Century*, Vol. LXXV (24 diciembre 1958), pp. 1485-56.

b)   C. S. Lewis, «La versión vernácula», ibid. (31 diciembre 1958), p. 515.

Señor:

Gracias por publicar mi «Réplica al doctor Pittenger» (26 de noviembre). ¿Podría completar su amabilidad, por favor, publicando la declaración de que «*populam*», que aparece por «*populum*», es o bien un error de mi mecanógrafo, o bien un error de su impresor?

Sin duda hace falta un artículo sobre «traducción», como el doctor Pittenger sugiere en su carta aparecida en el número de 24 de diciembre, pero yo no podría hacerlo provechosamente para los americanos. La lengua vernácula a la que ellos deberían traducir no es exactamente la misma que esta a la que yo he traducido; y pequeñas diferencias, cuando se dirige la palabra a proletarios, pueden ser de extraordinaria importancia. En ambos países, una parte esencial del examen de ordenación debería ser la traducción al inglés vulgar de un pasaje de alguna obra teológica reconocida, tal como se hace con la prosa latina. Suspender este ejercicio tendría que significar suspender todo el examen. Es completamente oprobioso esperar que los misioneros en la región de los bantús tengan que aprender bantú, y, en cambio, no nos preguntemos nunca si los misioneros que están con los americanos o los ingleses tienen que aprender a hablar inglés americano o inglés británico. Cualquier estúpido puede escribir un inglés *erudito*. La verdadera prueba es el inglés vulgar. Si uno no puede traducir su fe, o bien no la entiende o bien no cree en ella.

12. *Pena capital y pena de muerte*

a)   C. S. Lewis, «Pena capital», *Church Times*, Vol. CXLIV (1 diciembre 1961), p. 7.

Señor:

No sé si la pena capital debería o no debería ser abolida, pues ni la luz natural, ni las Sagradas Escrituras ni la autoridad eclesiástica parecen decírmelo. Sin embargo, me interesan las razones que se aducen para exigir su abolición.

Me permito decir que la afirmación según la cual al ahorcar a un hombre juzgamos presuntuosamente que es irredimible es sencillamente falsa. Mi libro de oraciones incluye una exhortación a los que se hallan bajo sentencia de muerte que implica, desde el principio hasta el fin, exactamente lo contrario. El verdadero problema es determinar si es más probable que un asesino se arrepienta y tenga un buen fin dentro de tres semanas en la sala de ejecución o, digamos, treinta años más tarde en la enfermería de la prisión. Ningún mortal puede saberlo. Pero los que tienen más derecho a opinar son los que mejor conocen por experiencia los efectos de vivir durante mucho tiempo en una prisión. Me gustaría que capellanes, gobernadores y guardias de prisiones contribuyeran a la discusión.

La sugerencia de compensación a los parientes del asesinado es en sí misma razonable, pero no se debe conectar, ni remotamente siquiera, con la causa, a favor o en contra, de la pena capital. Si lo hacemos, daremos apoyo a la opinión arcaica, y seguramente errónea, de que el crimen es ante todo no una ofensa contra la sociedad, sino contra los individuos.

La muerte en la horca no es un acto más irrevocable que otros. No podemos devolver la vida a un hombre inocente, pero tampoco podemos devolverle los años que injustamente ha comido en prisión.

Algunas de las personas que me escriben observan que una teoría del castigo puramente ejemplar, o que se proponga exclusivamente reformar, es horriblemente inmoral. Únicamente el concepto de mérito conecta el castigo con la moralidad. Si lo único que importa es la disuasión, la ejecución de un inocente, siempre que la opinión pública pensara que es culpable, estaría plenamente justificada. Si el único problema es el de reformar al asesino, entonces no hay nada que objetar a la corrección dolorosa y coactiva de nuestros defectos, y un gobierno que crea que el cristianismo es una neurosis tendrá perfecto derecho a entregarnos a todos a los que han de ponernos en orden para que nos «curen».

b)   Claude Davis, ibid. (8 diciembre 1961), p. 14.

c)   C. S. Lewis, «Pena de muerte», ibid. (15 diciembre 1961), p. 12.

Señor:

El señor Davis me recrimina con razón por haber usado la palabra *sociedad* como lo hice. Esta abstracción hipostasiada ha hecho ya demasiado daño. Sin embargo, yo quería decir solamente «todos nosotros». Lo absurdo de la opinión que considera el asesinato como una ofensa contra una familia particular está perfectamente ilustrado en el ejemplo de los discursos privados de Demóstenes (en este momento no puedo traducirlo, pero sus lectores más doctos podrán, sin duda, hacerlo).[7]

Un hombre, A, pone en libertad a una mujer esclava, B, su antigua niñera. B se casa, y su marido muere sin descendencia. Luego alguien mata a B, pero, según la ley ateniense, nadie puede querellarse, pues no hay ninguna parte ofendida. A no puede actuar, pues, cuando B fue asesinada, ya no era de su propiedad. No hay viudo, y no hay huérfanos.

No estoy en ninguno de los lados de la actual controversia. Pero sigo pensando que los abolicionistas defienden

---

7. *Discursos de Demóstenes*, «Discurso contra Euergos y Mnesibulos», secciones 1155-62.

su causa muy mal. Parece que son incapaces de exponerla sin imputar motivos viles a sus oponentes. Me temo que, si los no creyentes miran a menudo la columna de correspondencia, se llevarán una mala impresión de nuestra lógica, nuestros modales y nuestra caridad.

ACERCA DEL AUTOR

CLIVE STAPLES LEWIS (1898–1963) fue uno de los intelectuales más importantes del siglo veinte y podría decirse que fue el escritor cristiano más influyente de su tiempo.

Fue profesor particular de literatura inglesa y miembro de la junta de gobierno en la Universidad de Oxford hasta 1954, cuando fue nombrado profesor de literatura medieval y renacentista en la Universidad de Cambridge, cargo que desempeñó hasta que se jubiló. Sus contribuciones a la crítica literaria, literatura infantil, literatura fantástica y teología popular le trajeron fama y aclamación a nivel internacional.

C. S. Lewis escribió más de treinta libros, lo cual le permitió alcanzar una enorme audiencia, y sus obras aún atraen a miles de nuevos lectores cada año. Sus más distinguidas y populares obras incluyen *Las crónicas de Narnia*, *Los cuatro amores*, *Cartas del diablo a su sobrino* y *Mero cristianismo*.

¿HAS LEÍDO ALGO BRILLANTE Y QUIERES CONTÁRSELO AL MUNDO?

Ayuda a otros lectores a encontrar este libro:

- Publica una reseña en nuestra página de Facebook @GrupoNelson

- Publica una foto en tu cuenta de redes sociales y comparte por qué te agradó.

- Manda un mensaje a un amigo a quien también le gustaría, o mejor, regálale una copia.

¡Déjanos una reseña si te gustó el libro! ¡Es una buena manera de ayudar a los autores y de mostrar tu aprecio!

Visítanos en
GrupoNelson.com
y síguenos en
nuestras redes sociales.